どこと組むかを考える
成長戦略型M&A

日本M&Aセンター 取締役
竹内直樹

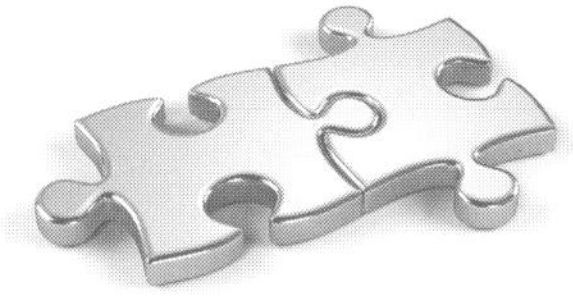

「売る・買う」の思考からの脱却と「ミニIPO」の実現

プレジデント社

はじめに

最初に少し意地悪な質問をさせていただきます。

みなさんは自分の会社の業種を答えられるでしょうか？

ここで、「うちは○○業だ」と明確に答えた方は、もったいないことをしているかもしれません。産業構造の変化をとらえきれず、ビジネスチャンスをつかみ損ねているおそれがあるからです。

かつては、小売業、製造業というように業種のカテゴリーがあり、企業はそのなかで競合他社としのぎを削ってきました。しかし近年、小売業の会社が製造機能をもったり、あるいは製造業の会社が小売機能をもって競い合うようになってきました。いまやビジネスは、業種の垣根を越えた「異種格闘技戦」の様相を呈しています。自社のルーツに誇りをもつことは大切ですが、そこに固執しすぎると時代に乗り遅れてしまいます。業種の枠を超えた多機能化こそ、いま企業が目指すべき道です。

では、どうすれば企業は効率よく多機能化できるのでしょうか。

ぜひ注目していただきたい手段の一つが、M＆A（企業の合併や買収）です。自社で新たな機能を一から育てていくには時間がかかります。産業構造の変化にスピーディーに対応するには、自社にない機能をM&Aで取り込んでいく戦略が有効です。

しかしM&Aと聞いて、次のように考えるオーナー経営者は多いかもしれません。

「当社は中小企業なので、買収できる会社は限られている。M&Aを実施してもそれほど大きなメリットはないのではないか」

オーナー経営者はさすがに強者揃いです。この感覚は少なからず当たっていて、小さな企業が小さな企業を買っても成長スピードが劇的に速まるわけではありません。ならば、中堅・中小企業は産業構造の変化に対して為す術がないのでしょうか。

答えはノーです。

買って成長することが難しければ、売って成長するという方法があるのです。

M&Aによって多機能化するのは、買い手側の企業だけではありません。売り手側の企業も買い手側と組むことによって、買い手側のもつ機能を取り込むことができます。買い手がリソースが豊富な大手企業であれば、むしろ売り手側のほうが多くのメリットを手に入れる可能性があります。

大手企業に株式を譲渡することで、自社を一段上のステージに引き上げる――。

私がこの戦略の有効性に気づいたのは五年ほど前、二〇一二年のことでした。

私が所属する日本M&Aセンターは、企業の売り手と買い手を仲介するマッチングサービスの草分け的存在といえる企業です。

社内には、買収や株式譲渡に関心をもつ多くの企業がデータベース化されており、譲渡意思が固まって情報が整備されるとすぐに五〇〜一〇〇社の候補をリストアップして、M&A実現に向けたお手伝いをしています。

私はマッチングを専門に行う事業法人部の責任者として、さまざまな案件を手がけてきました。これまでは、買い手になるのは、他社を買収して成長したいと考える企業。売り手は、後継者不在などの事情で事業承継に悩んでいる企業が中心でした。

あるとき、当社の仲介で複数の会社を買収してきた企業の社長からお呼びがかかりました。「また新たに会社を買いたいというご相談だろうか」と想像しながらうかがってみると、返ってきたのは予想外の言葉でした。

「竹内さんのおかげでいろいろな会社を買収でき、成長に弾みがついた。でも、それでも大手にはなかなか追いつけない。そこで、会社を大手に売って成長を加速させたいと考えたのだが、どうだろうか」

青天の霹靂でした。そのころ当社に売り手としてご相談にいらっしゃるのは、後継ぎがいないため他社に譲渡したいという方がほとんどでした。会社を存続させていくための売却です。しかし、その社長は「成長をもっと加速させたいから」というポジティブな理由、すなわち会社の存続だけでなく会社の発展のために株式を譲渡したいというのです。まさに逆転の発想です。

たしかに冷静に考えてみると、株式譲渡を経て大手企業のパートナーになれば、小さな企業を買収したとき以上のシナジー（相乗効果）が見込めます。実際、事業承継を目的として株式を譲渡した会社も、M&Aによって大手と組むことで前より成長を遂げたところが少なくありません。

当時、売り手にとってのM&Aといえば「事業承継型」でしたが、「成長戦略型」の株式譲渡があっても何ら不思議ではありません。

M&Aを成長の起爆剤にできるかどうかは、売るか買うかで決まるわけではありません。大切なのは、どこと組むかです。

売る側になるにせよ、買う側になるにせよ、自社に足りないものを補える適切なパートナーと組むことによって企業は成長できます。

その社長との面談で気づきを得た私は、さらに産業構造の変化など、自分なりの分析を加えた結果、「これから中堅・中小企業でも、成長戦略型のM&Aが主流になる」と確信するに至りました。

それ以降、お客様にも成長戦略型M&Aの意義や可能性をご説明して、守り（事業承継型）から攻め（成長戦略型）に転じることを積極的にご提案してきました。それから五年が経過して、実際に成長戦略型M&Aを実行して売上げや利益を飛躍的に伸ばした企業もあらわれ始めています。

五年前の時点では仮説でしたが、事例が積み重なったいまでは事実として断言できます。売るにしろ買うにしろ、成長戦略型M&Aは、産業構造の変化に対応して勝ち残るための最適解であると。

本書では、成長戦略型のM&Aの意義についてご説明するとともに、自社の成長にドライブをかけるために、自社よりも大きな企業と組むことを選択した企業の事例を集めてご紹介しています（いずれの事例でも、役職はM&A実行以前の名称で表記しています）。

主に売り手側の視点からご紹介していますが、どちらの立場にいたとしても、「成長戦略型Ｍ＆Ａ」のリアルな姿を通して、新しい時代を生き抜く経営のヒントをつかんでいただけることと思います。

竹内直樹

どこと組むかを考える「成長戦略型M&A」――目次

◎株式会社インフィールドのケース

創業経営者のジレンマを解消　91

第3章

人の成長なくして企業の成長なし

第4章 大手企業と組んで中間流通業から脱却

第5章 ファンドを活用したM&Aで会社を成長させる

第1章

「成長戦略型M&A」とは何か？

会社を売ることで自社を成長させる

「売る」という成長戦略のオプション

会社を成長させる手段はさまざまですが、なかでも即効性があり、高い効果を期待できるのがＭ＆Ａです。

自社で市場を開拓したり新商品を開発したりするのには時間がかかりますが、企業を買収すれば、その顧客や営業力、技術力を一気に手にすることができます。

日本Ｍ＆Ａセンターにも、Ｍ＆Ａによって会社の成長にドライブをかけたい、あるいは頭打ちになっている現状を何とか打破したいという思いをもった経営者が大勢ご相談におみえになります。

二〇年ほど前まで、Ｍ＆Ａには「乗っ取り」「身売り」というネガティブなイメージがつきまとっていました。しかし最近は会社の成長戦略の一つとして位置づけているオーナー経営者も多く、ようやく時代がＭ＆Ａに追いついてきた印象です。

ただ、Ｍ＆Ａについてはまだ一つ、大きく誤解されていることがあります。

それは、「Ｍ＆Ａによる成長戦略」イコール、「会社を買うこと」という思い込みです。

オーナー経営者の多くが、「売ること」が自社の成長の起爆剤になるという事実をご存じないのです。

私が「会社を売ることが自社の成長になる」とお話しすると、経営者の方々はたいてい唖然とした表情になります。なかには怒りだす方もいます。「会社を買う相談にきたのであって売りにきたのではない、馬鹿にするな！」というわけです。

地方で印刷会社を経営するＡ社長も、当初は会社を買いたいと当社にアプローチしてきたお一人でした。

Ａ社長が率いる印刷会社Ａ社は、地域で一番の規模と実績を誇る優良企業です。ただ、地域内だけでは成長に限界を感じていました。そこで、他の地域で売却を考えている印刷会社がないかと当社に打診され、実際に数社の買収のお手伝いをさせていただきました。

ところが、Ａ社長は途中で方針を転換。印刷会社を買うのではなく、大きな企業の傘下に入る道を模索し始めたのです。

きっかけは、異業種から印刷業界に参入してきた黒船、ラクスル株式会社の存在を知ったことでした。

ラクスルはコンサルティングファーム出身の松本恭攝《やすかね》氏が二〇〇九年に設立したベンチャー企業で、Ａ４フルカラーのチラシを一枚一・一円からという破格の価格で受注しています。これは相場の一〇分の一以下の価格。日本の企業ですが、印刷業界の外からやってきて業界にショックを与えたという意味で、まさに黒船的です。

ラクスルはなぜ驚異の価格を実現できたのか。その秘密は、印刷会社のネットワーク化にあります。

印刷業は設備産業です。最新の印刷機を導入して、それを最大限に回すことで利益を出し、さらに最新の印刷機に設備投資するというサイクルで事業が成り立っています。しかし、市場が縮小しているため、せっかく購入した印刷機をフル稼働させられず、遊休や低稼働となっている会社も少なくありません。ラクスルはそこに着眼して、各地の印刷会社と提携しました。

動いていない印刷機を把握し、ネットを通じて受注した仕事を印刷会社に割り振って、機械の稼働率を上げていったのです。印刷機を効率よく使うため、従来に比べて価格を極端に安くできるというわけです。

いわば印刷機のシェアリングです。ラクスルの松本社長は、印刷業界にまったく新しいビジネスモデルをもち込んで価格破壊を行いました。産業構造の垣根を飛び越えて印刷業界に参入し、業界の常識を打ち砕くビジネスモデルを構築されたのです。

私たちのお客様であるA社長は、このラクスルのビジネスモデルを知って衝撃を受けられました。自社が同じような規模の同業会社を買収して大きくなったとしても、従来のビジネスモデルのままでは、いずれラクスルのような革新企業に駆逐される――。そうした危機感から、A社長は「買うことによる成長戦略」に疑問を抱くようになったそうです。

そこで私たちは、ある新興の大手企業グループに入ることを提案しました。その会社は全国的に健康関連事業を展開しており、チラシなどの広告印刷を内製化したいというニーズをもっていました。

一方、A社側には、異業種の会社と組むことで、これまで扱う機会のなかった案件を受注できるチャンスが広がるというメリットがありました。

こうした両社の思惑が合致してＭ＆Ａが成立。Ａ社長が率いる印刷会社は、大手のグループに入ることによって安定的な経営基盤を手に入れることに成功し、ラクスルという黒船に脅かされるリスクは大きく減りました。

また、この成長戦略型のＭ＆Ａは、副次的なところでも大きなシナジーを生み出しました。

印刷業は印刷物のデザインを行うことも業務の一つです。Ａ社は地元の専門学校を卒業した優秀なデザイナーを数人抱えていましたが、地元で受注する案件はパターンが決まったものが多く、デザイナーとしてチャレンジの機会が少ない環境でした。

しかし、グループ入りした後はデザイナーを東京の親会社に派遣したり、海外に留学させたりできるようになりました。Ｍ＆Ａによってデザイナーの活躍の場が広がり、外で得た経験やノウハウを社内に還元する流れができたのです。

多くの人は、Ｍ＆Ａによる成長戦略というと買う側の立場で考えます。

買う側は買うことによって売る側の顧客やリソースを獲得できますが、それは売る側から見ても同じです。Ｍ＆Ａで成長するのは買う側ばかりではありません。大手企業やグループの傘下に入ることで、親会社や関連会社のもっているヒト・モノ・カネを活用できるようになります。

実際、A社長の会社は大手の傘下に入ることで自社の可能性を切り開きました。買うことだけが成長のための手段ではないのです。

会社を売る効果は「ＩＰＯ」と変わらない

会社を売ることによって自社を成長させる――頭では理解できても、「売る」という言葉にひっかかり、拒絶反応を示すオーナー経営者は多いことでしょう。

売るというのは、自分が保有する自社の株式を手放すことにほかなりません。これまで手塩にかけて育ててきた会社を他人に委ねるのですから、ある種の寂しさがあるのは当然のことです。

しかし、成長手段としてのM&Aに、「買う」「売る」という考え方を当てはめるのはナンセンスだと私は思います。大切なのは「どこと組むか」です。自社に足りないところを補ってくれるパートナーと組めるなら、自社が買う側であろうと売る側であろうと、本質的な違いはありません。

そもそも、株式を手放すことはネガティブなことでしょうか。

オーナー経営者が自身の保有する株を売却する行為の一つに、「ＩＰＯ」（株式上場）があります。

企業はＩＰＯによって市場から資金を調達して、成長戦略に投資することが可能になります。また、上場には厳しい基準があるため、その基準をクリアすることで社会的な信用度や評価が高まります。もちろん、オーナー経営者は保有している株式を売ることによって売却益を手にすることができます。

このように、ＩＰＯにはさまざまなメリットがあります。そのためオーナー経営者の多くは、ＩＰＯに非常にポジティブなイメージを抱いています。いずれは自社をＩＰＯしたいという夢を抱いている経営者も少なくありません。

だからこそ、Ｍ＆Ａで会社を売るという行為はＩＰＯと大きく違わないことを知っていただきたいのです。

通常、Ｍ＆Ａによって株式を売却する相手は自社より大きな会社ですから、資金調達や社会的な信用度の面で恩恵が受けられます。また、社員も大手グループの一員になることで、待遇の改善やスキルアップの機会に恵まれます。もちろん、保有株を売ることになるので、オーナー経営者自身は売却益を手にできます。

異なるのは、オープンな市場を通じて不特定多数の機関投資家や一般投資家に売るのか、それとも私的なルートで特定の企業やファンドに売るのかという点です。

前者はパブリックな性格が強く、ＩＲ（投資家向け広報）を含めて企業にはさまざまな負担がかかります。また、一般投資家は配当を強く求めるので、経営者は「利益を短期的に出していかなくてはいけない」というプレッシャーに絶えずさらされることになります。一方、後者はプライベートなので、自社単独で財務諸表をつくって公表する義務はありません。譲渡先企業の理解を得られれば、無理に配当を出す必要もなく、長期的な視点に立った経営も可能です。

「ＩＰＯ」と「Ｍ＆Ａによる売却」で異なるのは株式の売り方や売り先くらいのもので、得られる効果にほとんど差はないのです。

Ｍ＆Ａで売却する大きなメリット

ＩＰＯ後の会社は株式公開会社となり、オーナー個人のものではなくなります。Ｍ＆Ａで自分が保有する株式を手放すことに寂しさがあっても、それはＩＰＯで市場に株式を放出するときに感じる寂しさと同じではないでしょうか。

M＆Aでも、IPOと同じようなメリットを得られる点に注目して、むしろポジティブに評価するほうが、理に適っているのではないでしょうか。

企業の成長プロセスから見えてくることもあります。それは、企業の成長のためには株式の所有に固執するべきではないということです。

グローバル企業では、成長を遂げる過程で株主構成が大きく変化していきます。創業家が株式の過半数以上を所有しているグローバル企業はほとんどありません。

自社単独での資金調達やネットワークでは成長に限界があるからです。外部の資本を活用して、第二次創業、第三次創業へステージアップすることが、大きく成長するための基本原則です。

M＆Aで会社を売ることに抵抗感があるオーナー経営者は、IPOとの違いを冷静に検討してみてください。M＆Aでも必ずしも株式の一〇〇％を譲渡する必要はありません。両者の共通点と相違点を考えれば、M＆Aによる売却には、言葉のイメージと違って大きなメリットがあることがきっとおわかりいただけると思います。

産業構造の激変に対応するために

「買う」戦略にこだわってはいけない

会社を買うのも成長戦略ならば、会社を売るのも成長戦略。どちらにしても成長につながるのなら、やはり買ったほうが気分がいい――このように考えるオーナー経営者は少なくないでしょう。

たしかに他社を買うことは成長戦略の有力なオプションの一つです。ただ、買う成長戦略にも弱点があります。

他社を買うときには、通常は自社より時価総額の小さな会社を買収先として選択します。そのため、中堅・中小企業の場合、買収を実行したにもかかわらず、産業構造が変化するスピードに追いつけずに、淘汰されてしまうおそれがあるのです。

売上高二〇億円の会社が売上高五億円の会社を買えば、単純な足し算で売上げは二五億円になります。少し規模が大きくなったので、次は背伸びして売上高一〇億円の会社を買えるかもしれません。グループの売上げは計三五億円になります。

売上げ二〇億円の会社が数年で三五億円まで伸びれば、すばらしい成長といえます。オーガニック・グロース（自社の内部資源を活用した自然な成長）に比べれば、成長のスピードもずっと速い。

しかし、産業構造の変化に対応しようと思えば、自社によく似た会社を買収して少しずつ成長していく従来のM＆A戦略ではパワー不足の可能性が高いのです。現実はそれでも追いつかないスピードで激変しています。

なぜ中堅・中小企業は、買う成長戦略で産業構造の変化に対応できないのか。順を追って説明しましょう。

企業は、建設業、飲食業、通信業など、業種ごとに分類することができますが、大きな視点で見れば、次の五つのカテゴリーに集約できます。

製造業……モノをつくる

小売・サービス業……モノやサービスを顧客に届ける

卸・中間業……製造と小売の間をつなぐ

産業基盤分野……運送や金融、通信など、インフラ面でビジネスを支える

専門分野……士業やコンサルタントなど、専門の知識や技術でサポートする

これまで、企業はこれら五つのカテゴリーのいずれかに属して事業活動を行ってきました。たとえば、小売業の会社がモノをつくることはなかったし、製造業の会社が消費者にモノを直接売ることもありませんでした。

しかし、いまや業種の間にあった壁がなくなりつつあります。小売業がものづくりに進出したり、逆に製造業が直販に乗り出したりするなど、カテゴリーの垣根を越えてビジネスを展開するケースが増えてきました。

業界の垣根が取り払われた

事例としてわかりやすいのは、国内に二万店舗、世界に六万店舗をもつコンビニエンスストアの雄、株式会社セブン‐イレブン・ジャパンです。

セブン‐イレブンは、従来のカテゴリーでは小売業に属します。メーカーがつくった商品を仕入れて店頭に並べて販売するというビジネスモデルでした。しかし、いまはどうでしょうか。売り場では、メーカー名が入ったナショナルブランド（ＮＢ）よりも、セブン‐イレブンの名前が入ったプライベートブランド（ＰＢ）が目につきま

す。製造業のカテゴリーにまで足を踏み入れているのです。

同社が工場を直接所有しているのではありませんが、メーカーと提携して商品開発の段階から手を組んで多くのＰＢ商品をつくっており、単にＮＢのラベルをＰＢに貼り替えるというステージはとっくに卒業しています。

かつてはコンサルタントなどの専門家に頼っていた需要予測も自社で行っています。小売業界ではＰＯＳ（販売時点情報管理）システムを活用して品揃えを決めることが一般的になっていますが、その手法を確立したのもセブン‐イレブンでした。

産業基盤に分類される分野にも進出しています。二〇〇一年に設立されたセブン銀行です。それまでも銀行がコンビニ内にＡＴＭを設置することはありましたが、小売業者自身が銀行を設立してＡＴＭを全店舗に展開するのは前代未聞。当初は「失敗するのではないか」とささやかれたものでしたが、結果的に大成功をおさめて、いまでは有人店舗をもつまでに成長しています。

二〇〇七年に電子マネーの「ｎａｎａｃｏ」をスタートさせたことも見逃せません。産業基盤分野への進出であると同時に、専門分野の強化でもあります。ＰＯＳシステムでは、個人の購買行動まではわかりませんでしたが、「ｎａｎａｃｏ」

のデータを分析すれば、それもすべて把握できます。価値の高いデータを得て、ニーズに即した精緻なマーケティングができるようになったのです。

こうした変化が起きているのはコンビニ業界だけではありません。アパレル業界では、商品開発から販売までを手がけるＳＰＡ（製造小売）型が珍しくなっています。たとえばユニクロを展開する株式会社ファーストリテイリングなどです。かつてアパレルメーカーは服をつくるだけで、売るのは百貨店やスーパーの仕事だったといっても、いまの若い消費者は信じられないでしょう。

一企業が製造から販売まで一気通貫に行えば、産業分野としての卸・中間業は存在価値を失うのは明白です。

四つの機能をもたなければ勝ち残れない

従来の業種の垣根が消えた結果、いったい何が起きているのでしょうか。

現在、至るところで繰り広げられているのが「異種格闘技戦」です。

以前は、製造業は製造業、小売業は小売業というように、同じ産業カテゴリーのライバルとだけ戦っていればすみました。しかし、メーカーが自社商品を直販して、小

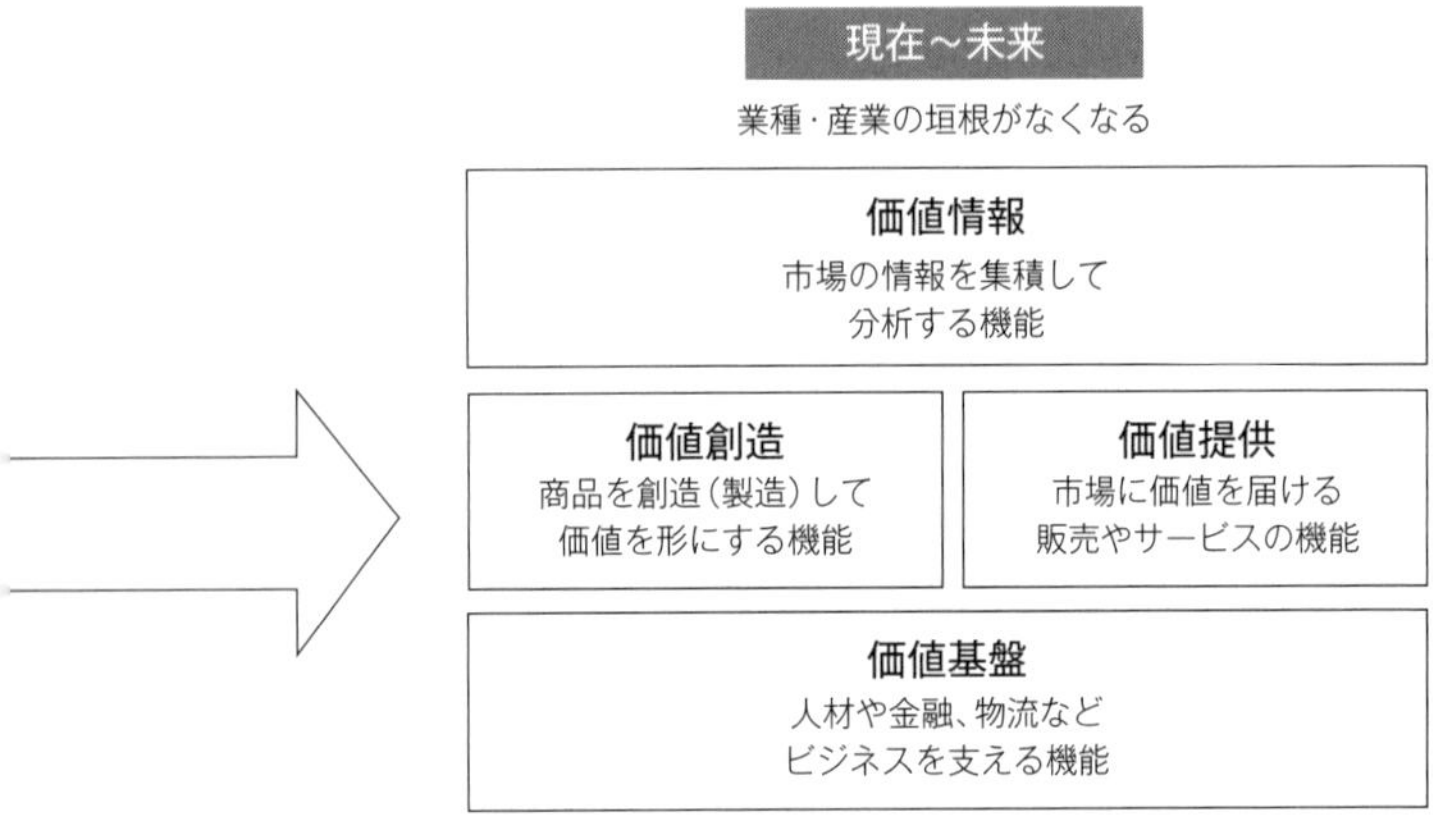

売業が自社商品を開発する状況になり、直接の競合ではなかった会社が同じリングの上で戦わざるを得なくなっています。

このときに企業に求められるのは「多機能化」です。

メーカーも販売機能をもたなくてはいけないし、小売業も商品開発や生産の機能をもたなければ戦えません。さらに昔ならコンサルタントに頼っていたデータ分析機能や、産業基盤となるインフラも必要となります。

以上のことをまとめると、産業構造が激変したいま、企業には次の四つの機能が必要になってきているといえます。

①価値提供……市場に価値を届ける販売

産業構造の変革を意識することで、必要な「価値」が見えてくる

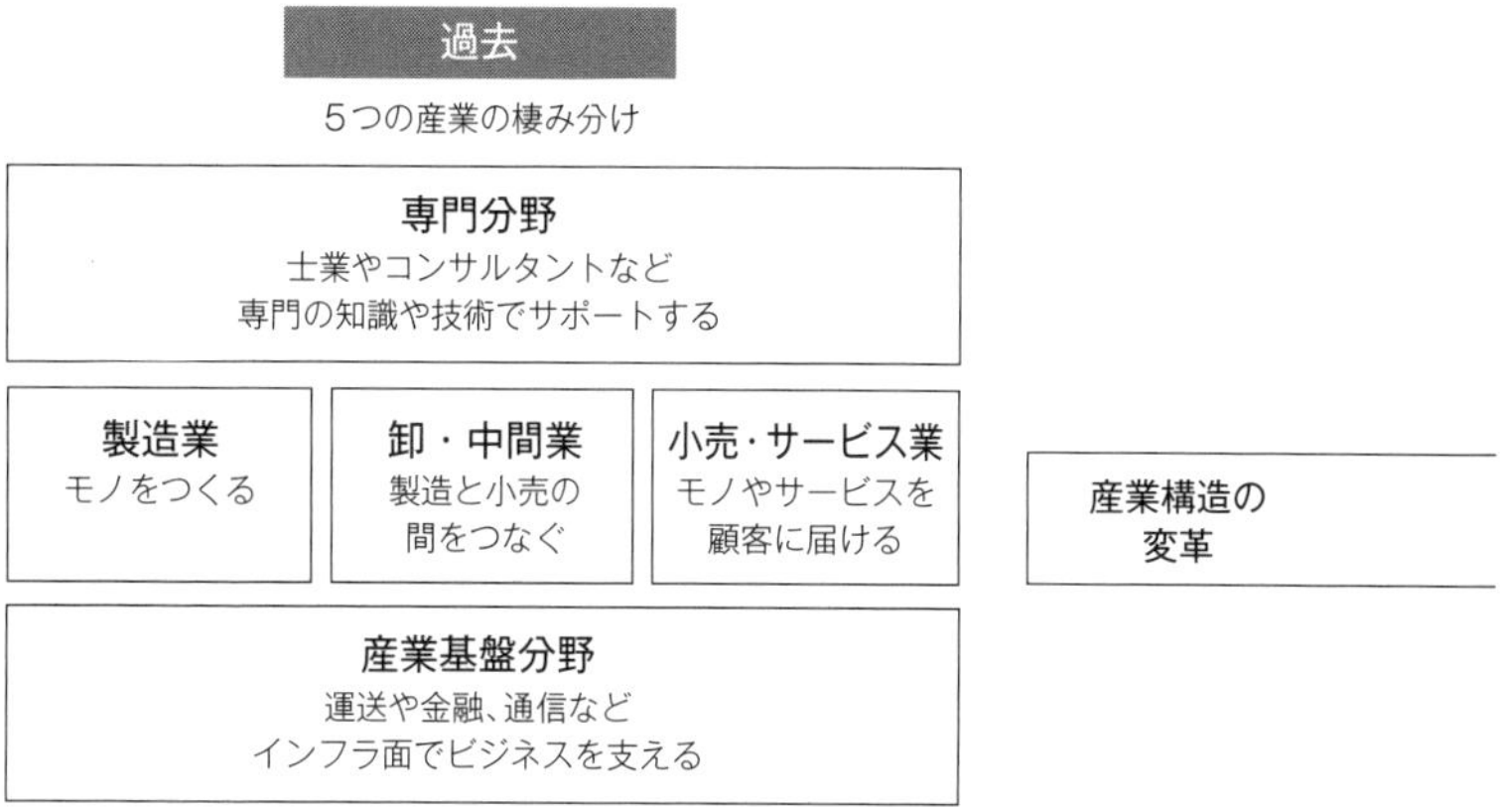

やサービスの機能

②価値創造……商品を創造（製造）して価値を形にする機能

③価値基盤……人材や金融、物流など、ビジネスを支える機能

④価値情報……市場の情報を集積して分析する機能

　これら四つの機能をすべて自社でカバーするのか、あるいは他社と提携してカバーするのか。それはそれぞれの企業の経営戦略次第です。

　とことんニッチの分野を深耕する戦略もありますが、規模を追求するなら、やはり全方位的な機能の獲得が急務です。「自分の会社は販売するだけでいい」「つ

くるだけでいい」というやり方では、これからの事業環境を生き延び、成長していくことは困難になるでしょう。

買って地区大会で戦うか、売って全国大会に行くか

M&Aによる成長戦略の話に戻りましょう。

産業構造が変わった現状を踏まえると、M&Aの戦略も変わってきます。

かつて会社の成長を目指したM&Aは、同じ業種で行われることが一般的でした。他の地域にある同業の会社を買ってエリアを広げたり、自社より小さな同業他社を吸収して商品ラインナップを拡充したりコストを削減したりする、いわば業界再編型のM&Aです。

業界再編型のM&Aは、業種の壁が高くそびえていて、戦うリングが限定的だった時代には効果的な成長戦略でした。

しかし、産業構造が変わったいま、業界再編によってその業界でトップクラスになっただけでは生き抜くことはできません。業種の壁を飛び越えて自社で広範囲をカバーしてはじめて他社と対等に渡り合えるようになります。

これからの時代に必要なのは、同じ業界内のＭ＆Ａではなく、異なる業種・産業の企業と組んで多機能化を実現する越境型のＭ＆Ａなのです。

たとえばメーカーなら小売業と組んで消費者と直接つながったり、ＩＴ企業と組んでＩｏＴ（Internet of Things＝モノのインターネット）の取り組みを進めたりという展開が考えられます。好むと好まざるとにかかわらず、そうやって多機能化した企業同士が総力戦で戦う時代になってきているのです。

野球やサッカーなどのリーグ戦をイメージするといいかもしれません。業界再編は地区リーグです。そこで勝ち上がった企業は、業種の垣根がない全国リーグでしのぎを削ることになります。

さて、ここで最初の問題――中堅・中小企業の「買う」成長戦略が抱える弱点――に立ち返ってみましょう。

多くの大企業は、すでに地区リーグを勝ち抜いた状態です。全国リーグを戦うため、越境型のＭ＆Ａを積極的に仕掛ければいいでしょう。

一方、中堅・中小企業はまだ地区リーグで戦っている状態です。全国リーグに出るために必要な地盤をつくろうと業界再編型のＭ＆Ａで成長を目論んでも、時間がかかります。その間に市場は、多機能化した大企業に押さえられてしまうでしょう。

では、中堅・中小企業は全国リーグを戦うことをあきらめざるを得ないのでしょうか。答えは、ノーです。なぜなら、「売る」成長戦略が残されているからです。

もちろん、M＆Aで株式を売るとしても、同じ業界内の再編型ではあまり意味がありません。すでに越境して事業を展開している大企業や、自社が加わることによって越境が可能になるパートナーと組むことで、自社も越境のチャンスをつかむことができます。

本書の冒頭に紹介した印刷会社の例を思い出してください。A社長には印刷会社を買う選択肢があり、実際に最初はそのつもりで当社と接点をもちました。しかし、ラクスルという越境企業が登場したことで産業構造の変革が起きていることを知り、異業種の大企業と組むことを選びました。

私たち日本M＆Aセンターでは、「大手企業と組む」ことによって会社を成長させる戦略を「ミニIPO」と呼んでいます。

ご説明したように、「M＆Aで会社を売ること」と「IPO」で得られる効果はほとんど変わりません。異なるのは株の売り方や売り先がパブリックかプライベートかくらいです。

買うことにこだわって地区リーグから戦うのか。それともＭ＆Ａで会社を売ること（ミニＩＰＯ）によって一足跳びに全国リーグの切符を手に入れるのか。激変の時代の成長戦略として魅力があるのは「ミニＩＰＯ」ではないでしょうか。

情報を制する会社が勝ち残る時代

ITの活用でニーズを把握する

企業が新しい産業構造のなかで成長していくには、先ほど紹介した四つの機能を備えることが大切ですが、じつは四つのなかでもとくに重要な機能があります。それは「価値情報」です。いわゆるデータの収集・蓄積・分析です。

新しい産業構造は、供給者側ではなく消費者（ユーザー）側の論理で動きます。ユーザーのニーズを把握して、それに応えた企業が市場を制します。もちろんユーザーの声を聞くことは、産業構造が変わる前から大事だと考えられてきました。ただ、昔と現在では決定的な違いがあります。ＩＴの活用です。

かつてはユーザーのニーズをつかむためには、顧客にヒアリングしたりアンケートを集計したりするなどの方法しかありませんでした。しかし、いまはＩＴの活用で顧客の声にならない声まで把握することができます。

セブン‐イレブンは、ＰＯＳシステムや「ｎａｎａｃｏ」から得られるデータを分析して商品開発に活かしています。ＰＢもそうです。通常、ＰＢはＮＢより求めやすい価格で販売されます。しかし、セブン‐イレブンのＰＢは、ものによってはＮＢより高い価格がつけられています。「すみれ」や「一風堂」といった有名ラーメン店と共同開発したＰＢのカップ麺には、日清食品のＮＢのカップ麺より高価格のものもあります。ＰＢの常識を覆す商品開発ができるのも、消費者の購買行動を徹底的に分析しているからではないでしょうか。

いまセブン‐イレブンは、各地の自治体と「高齢者の見守り協定」を締結しています。見守りの対象になるのは、同社が展開する「セブンミール」などの配食・配達サービスの利用者で、商品を届けたときに、郵便受けがたまっていたり、電気がついているのに応答がないなどの異変を感じたら、自治体に情報提供を行うのです。

独居老人が増えていく時代に、地域の見守りは社会貢献活動として重要です。ただ、同社の真の狙いはほかにもあるのではないかと私は思っています。それはデータ集積です。

配食・配達サービス事業を伸ばすには、コンビニに来店しない顧客が何を考え、どのような生活を送っているのかを把握する必要があります。高齢者の見守りは、そのデータ収集の一環になりえるのです。セブン‐イレブンは、それほどにデータを重視している会社だと思います。

ＩＴを活用して情報を収集しているのは、顧客との接点が多い小売業にかぎりません。建設機械メーカーのコマツは、ＧＰＳ（全地球測位システム）を活用した遠隔管理システム「ＫＯＭＴＲＡＸ」（コムトラックス）を搭載した建設機械を販売しています。

建設機械にＧＰＳを装着したきっかけは盗難防止のためでしたが、遠隔から機械の状況を確認できる仕組みを活かして稼働時間などのデータを収集できるようになりました。そのデータをもとに、故障する前に部品の交換を行ったり、顧客に対して稼働率を向上させる提案を行ったりしたところ、高く評価されて世界中でヒットしたのです。まさしくＩｏＴのさきがけです。

顧客に向けたサービスが向上しただけではありません。建設機械のリアルな稼働状況がわかれば、市場の予測も立てやすくなり、それに合わせて生産を調整したり、販売戦略や経営戦略を練り直すことも可能です。

一時期、建設機械業界は中国経済の減速によって厳しい状況に陥り、コマツも減益になりましたが、ダメージを最小限にとどめることができたのは、中国市場の変化をいち早く察知して、販売からアフターケア重視に舵を切ったからでしょう。

データの収集・蓄積・分析の重要性は小売業もメーカーも同様です。

消費者のニーズを含めた市場の情報を集積して、適切な分析を行い、顧客サービスや商品開発、さらには経営戦略にまで活用していく。新しい産業構造のもとでは、それができる企業が市場をリードしていくのです。

Ｍ＆Ａでデータ集積が可能になる

ところが、ここでも中堅・中小企業のつらさが浮き彫りになります。

単独ではデータ集積が難しいのです。

経済産業省が中堅・中小企業に向けて、「ＩＴ投資を行わない理由」について調査をしたことがあります。上位に入ったのは次の理由でした（二〇一六年版 中小企業白書概要より）。

一位　ＩＴを導入できる人材がいない（四三・三％）

二位　導入効果がわからない・評価できない（三九・八％）
三位　コストが負担できない（二六・三％）
どれも中堅・中小企業の実態がよくわかる切実な声ですが、結局はＩＴ投資をする資金的な余裕がないということに尽きるでしょう。
ＩＴ投資によって得られる効果がわからないのは、社内にシステムのことを理解している人材がいないからです。そして、システムをよく理解する人材を、中堅・中小企業の一般的な賃金水準で雇用するのは困難です。少なくとも年収六〇〇万円以上でないと優秀なシステムエンジニアは抱えられないでしょう。資金的な余裕がなければ、人も雇えず、効果もわからず、外に発注することもできません。
たとえ業績が好調で優秀なシステムエンジニアを雇う余裕があったとしても、そもそも中堅・中小企業は分析するに足るデータ量をもっていないという問題もあります。データ分析の精度は、良質なデータが多いほど高くなります。理想はビッグデータですが、そこまでのボリュームがなくても、データから何かを読み取るにはある程度の量が必要です。
ところが、中堅・中小企業は大企業に比べて顧客数や取引数が少なく、分析のもとになる生データが十分に揃っていません。これも不利な点です。

中堅・中小企業が自社でIT投資をしてデータを集積・分析することが難しければ、それができるパートナーと組むしかありません。IT投資できる資金や人材をもち、分析に活用できるデータを保有する企業と組むことによって、産業構造が変化した後の世界で勝負することが可能になるのです。

売却によって「価値情報」を手に入れる

M&Aによる売却で「価値情報」機能を手に入れた企業の例をご紹介しましょう。軽仮設資材リース業のB社のケースです。

軽仮設資材とは、建設現場で必要になる足場やユニットハウス、エアコンやパイプ椅子などの備品です。ゼネコンは一般的に軽仮設を自社の子会社に管理させており、B社も某大手ゼネコンの一〇〇%子会社でした。大手ゼネコンのグループ会社なので、純粋な中小企業というわけではありませんが、売上高は約四〇億円、社員数は五〇人程度ですから、規模的には中小企業です。

実際に、B社のIT投資は中小企業並みでした。ゼネコンの子会社なので、売上げのほぼ一〇〇%が親会社やグループ会社に対するもの。大企業グループではありますが、グループ内の受発注に対して多額のIT投資を行うことに積極的ではありません。B社も親会社からの注文は、電話やファックスで受けるという昔ながらのスタイルでした。

また、仕事は親会社グループから安定的に受注できるものの、それ以上の広がりはありません。親会社であるゼネコンにとっても、軽仮設資材の調達は本業である建設作業に必要なパーツですが、プロフィットセンター（利益を稼ぐ部門）ではありません。そのようなケースでは、子会社自身が大きく成長することは難しくなります。

とはいえ、事故や災害などの緊急時に迅速に対応したり、二〇二〇年の東京オリンピック・パラリンピックに向けて予測されている建設需要増のための資材を確保したりするという点で、親会社ではB社を重要な子会社の一社と位置づけていました。

そんなB社に注目したのが日建リース工業株式会社でした。

日建リース工業は一九六七年に日本で初めて建設用軽仮設レンタル会社として設立され、業界のスタンダードを築き上げてきたリーディングカンパニーです。レンタルするアイテムの種類は二〇〇〇超、そのアイテムの資産金額は約一七〇〇億円で、業界最大手です。

軽仮設資材レンタル市場はすでに成熟期を迎えていますが、日建リース工業が絶対的な王者の使命として当該市場の占有率をさらに高めようとするのは、自明の理です。市場成長率は低いものの、市場シェアにおける優位性を有している日建リース工業にとって、Ｂ社の買収は必然の経営戦略でした。また、軽仮設資材レンタル業界の主要取引先が建設業界であることを考えると、Ｂ社の買収は、大手ゼネコンとのコネクションを強化する願ってもないチャンスです。

一方、Ｂ社の親会社であるゼネコンでも、グループとしてＢ社を今後どうしていくべきかが検討されていました。資材確保は重要ですが、グループ全体の成長を考えるとＢ社に経営資源を投入することはできない。しかし、Ｂ社にも従業員がいて家族を抱えている。従業員の給料も上げていかなければならないし、将来像も描かせてあげなければならない。親会社のマネジメント陣がそのように胸を痛めていたところに、日建リース工業から買収のアプローチがあったのです。

では、Ｂ社自体にはＭ＆Ａによってどんなプラスが生まれたのでしょうか。

日建リース工業は二〇〇〇種類を超えるレンタルアイテムの一つひとつにＧＰＳ機

能を取りつけて管理しています。個々の軽仮設資材はけっして高いものではなく、レンタル料も一日一円～一円五〇銭といった小さなものです。それゆえに管理が甘くなって紛失しやすいのが普通です。しかし、塵も積もれば山。日建リース工業はそれらを積み上げて、何百億という売上げをつくっている会社です。大事なレンタルアイテムをすべてITで徹底管理して、紛失による損害を最小限に抑えています。

また、どの現場にどの資材があるのか、レンタルから戻ってきてから次のレンタルまでにどのくらいの時間がかかっているのか、というようなデータを収集・分析することで、効率的な資産管理や先手を打った提案も可能にしています。

B社は日建リース工業と一緒になったことで、高性能の軽仮設資材を使えるようになっただけでなく、最先端の資産管理システムを活用できるようになりました。後回しになっていたIT化が一気に進んで、無駄の少ない資産管理が実現したのです。その先には当然、データを活用した攻めの戦略も視野に入ってくるでしょう。

現在、B社は日建リース工業の一部門として、親会社だったゼネコンからの仕事を継続しています。しかし、レンタルする資材の品質レベルも、仕事の効率性もM&A前とはまったく異なっているはずです。

日建リース工業は建設用軽仮設資材レンタルが本業なので、Ｂ社に対しても積極的に経営資源を投資します。その結果、Ｂ社の従業員のモチベーションもアップし、親会社だったゼネコンのマネジメント陣も喜んでいるとお聞きしています。

ゼネコンとしては、本業の強化（工法技術の開発など）のために経営資源を集中的に投下して自社グループの成長にドライブをかける一方で、Ｂ社を別の大手企業と組ませることで、Ｂ社が成長戦略を描くことを可能にしたのです。

これは大手ゼネコンの選択と集中の話ではありますが、Ｂ社が中堅・中小企業であることに変わりはありません。大企業はＩＴ投資できる資金、データを分析できる人材、さらに大量・良質なデータなど、データ分析に関連するさまざまなリソースをもっています。中堅・中小企業は、それを手に入れることでＢ社のように大きく飛躍できるはずです。

経営者・社員・会社の三者の幸せな未来を描く

「事業承継型M&A」から「成長戦略型M&A」へ

ここで売り手から見たＭ＆Ａの歴史を振り返ってみましょう。

日本Ｍ＆Ａセンターが設立されたのは、バブル崩壊が始まった一九九一年でした。当時の日本では、Ｍ＆Ａという言葉は一般的ではなく、買う側は「乗っ取り」、売る側は「身売り」ととらえるのが通常でした。

実際はＭ＆Ａで買う側、売る側ともウィン・ウィンの関係を築くことができるのですが、当時はそのことがあまり認知されておらず、Ｍ＆Ａと聞くだけで眉をひそめる経営者が少なくありませんでした。いまでもＭ＆Ａにマイナスのイメージをもつ人がいるのは、当時の認識をひきずっているからかもしれません。

バブル崩壊後に、当社が会社事務所や銀行などを通じて働きかけてきた十数年がＭ＆Ａの啓蒙期だったとすると、二〇〇七年以降はＭ＆Ａの浸透期といえます。

日本におけるM&Aは「浸透」から「戦略」の時代へ

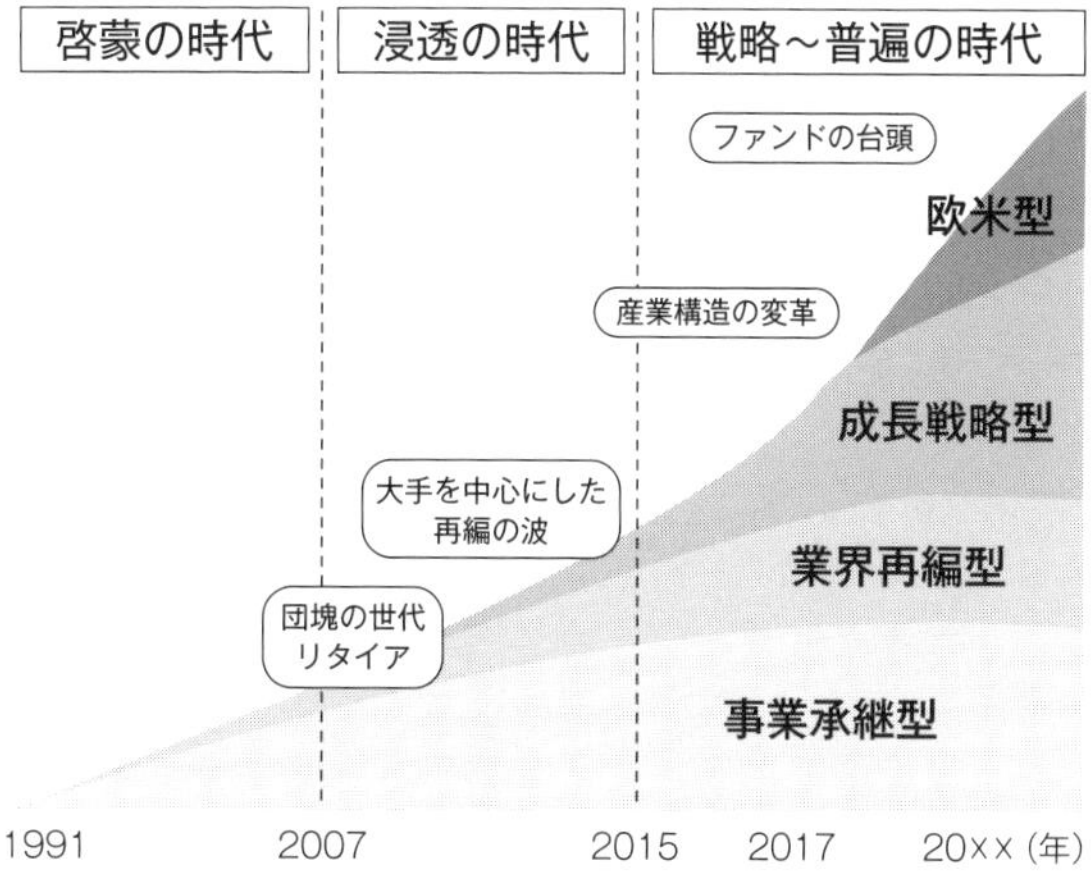

日本のM&Aはいま、「戦略」を意識する時代に入っている

二〇〇七年は、団塊の世代が退職年齢（六〇歳）を迎え始めた年でした。日本のものづくりを支えてきた団塊の世代が一斉にリタイアすると、現場の技術やノウハウが継承されずに断絶するおそれがあります。この問題は「二〇〇七年問題」と呼ばれ、とくにメーカーでは重要な経営課題の一つになっていました。

同じ問題は、経営者側にも起きていました。オーナー経営者に定年はありませんが、六〇代になってリタイアが視野に入るようになり、事業承継問題が浮上してきたのです。

会社を引き継ぐ子どもがいないオーナー経営者は、事業を畳むかどうかの選択を迫られます。

事業を継続する場合は、会社の株を引き受けられる資力のある人を後継者に選ばなくてはいけません。社員のなかから後継者を選びたいところですが、一社員に株を買い取る資力はないケースがほとんどです。

そこで注目されたのがＭ＆Ａでした。

他社に会社を委ねれば、事業は継続され、社員の雇用を守ることができます。自身は株の売却益を得て、ハッピーリタイアすることができます。

Ｍ＆Ａは、オーナー経営者の高齢化に伴って浮上してきた事業承継問題を鮮やかに解決する絶好の手段でした。

こうした時代の流れに乗って、Ｍ＆Ａは市民権を得て急速に浸透していきます。かつてのマイナスのイメージは薄れ、経営課題を解決する手段として認知されていきました。

Ｍ＆Ａに対する認識は、ここ数年でさらに変化を見せています。本書で強調しているように、中堅・中小企業でも会社の成長を実現する手段としてＭ＆Ａを選択するオーナー経営者が増えてきたのです。

背景にあるのは、やはり産業構造の変革です。従来の産業カテゴリーのなかでビジネスを展開するだけでは成長に限界があります。先述したように、いま起きているのは、産業カテゴリーの垣根を越えた異種格闘技戦です。この戦いを制するには、これまでの枠組みを飛び越えて会社そのものが多機能化する必要があります。その手段としてＭ＆Ａが効果的だと理解され始めたのです。

時代は、「事業承継型Ｍ＆Ａ」から、「成長戦略型Ｍ＆Ａ」へ――。

これが現在の潮流です。これから数年の間に成長戦略型Ｍ＆Ａはさらに普及して、東京オリンピック・パラリンピック後には、あえて成長戦略型といわなくても「Ｍ＆Ａ＝企業の成長」という図式ができ上がっていることでしょう。

ちなみにアメリカでは、会社を売却することをゴールにベンチャー企業を立ち上げる起業家が続々と誕生しています。彼らはＭ＆Ａで得た売却益を元手にまた新たに事業を起こし会社を成長させて、ふたたび売却を目指します。

アメリカでは、このサイクルがすでに完成しています。遅かれ早かれ日本も同じ状況になるのは間違いありません。

成長しながら事業承継を果たす

「事業承継対策としてのM&A」から、「成長戦略としてのM&A」へと時代はシフトしています。このトレンドは揺るぎないものであり、今後はM&Aで売却するといえば成長戦略の一環という認識があたりまえになるでしょう。

ただ、事業承継と成長戦略は相反するものではないことに注意してください。

事業承継は株式非公開企業にとって避けて通れない問題です。また、事業を継続・発展させていくなら成長戦略も欠かせません。ゆえに、事業承継と成長戦略を同時に実現していくアプローチが求められるのです。

では、事業承継と成長戦略のハイブリッド（かけ合わせ）である「成長戦略型の事業承継」を成功させるには、どんな点に気をつければいいでしょうか。

ぜひ意識したいのは、「オーナー経営者（親族含む）の未来」「社員の未来」「会社の未来」を頂点とした三角形のバランスです。

事業承継だけを考えると、オーナー経営者の利潤を最大化したり、会社を引き継ぐ子たちの相続税負担を軽くしたりすることが主な目的になりがちです。

成長の「三角形」のバランスを意識する

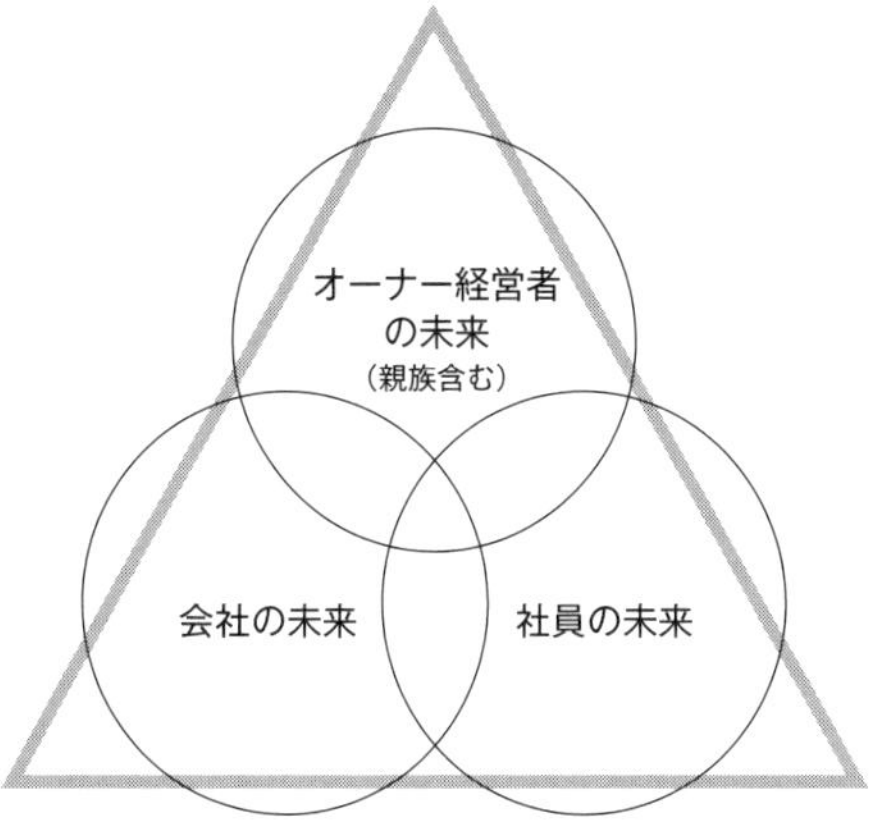

理想は、三者を頂点とした三角形が「正三角形」を描きながら成長していくこと

それらを優先して対策を打つと、事業の停滞や経営の不安定を招き、社員の雇用を守れなくなるおそれがあります。それではオーナー経営者が幸せになっても、会社や社員に明るい未来はありません。オーナー経営者だけでなく、会社、社員の三者が幸せな未来を描けてはじめて成長戦略といえます。

別の言い方をすれば、成長戦略のもとでの事業承継ではパブリックの意識が求められるのです。オーナー経営者が、自分や子どもたちの幸せだけを願って行う事業承継対策では、視点がプライベートに偏ってしまいがちです。

資本主義の論理でいえば、会社は株主

（オーナー経営者）のものです。しかし、社員のモチベーションを高めようとか、企業として社会的責任を果たそうなどという意識が希薄では、会社を成長させることは難しいでしょう。「会社は、そこにかかわるみんなのもの」と見なしてこそ、事業承継と成長戦略が相反せずに成り立つのです。

どんな事業承継対策を選ぶか

事業承継対策の方法は、オーナー経営者の目的によって異なります。

プライベート優先で事業承継するなら、それに合った手段があります。ただ、プライベートの意識が強いまま事業承継を進めると、結果的に会社の成長が妨げられることがあります。もし会社の成長も大事にしたいのなら、事業承継対策は慎重に考えなくてはなりません。

一般的な事業承継対策には次の四つがありますが、いずれも目的に応じて適切かつ慎重に活用する必要があります。

①社員持株会の設置

社員に「社員持株会」を組織させて、株式の一部をもたせる会社があります。といっても、社員がもつ株式の割合は低く、配当を出すとしても、非公開会社ではその額は微々たるものです。社員からすると、うまみはほとんどありません。

社員にほとんどメリットがないのに、なぜ株式をもたせるのか。狙いはズバリ、相続税対策です。オーナー経営者が株式を一〇〇％もっていると、会社を継ぐ子どもに多額の相続税が発生します。そこで株主総会の議決権に影響が出ない程度に社員持株会に株式をもたせて、税負担の軽減を図るわけです。

これは三角形のうち、「オーナー経営者の未来」だけが突出した事業承継対策です。ＩＰＯを目指すなど、具体的なビジョンや目的まで考えているなら「社員の未来」や「会社の未来」も明るくなりますが、そこまで考えているオーナー経営者は少ないのが実態です。

②親族への株式譲渡

社員持株会と同様、相続税負担の軽減のために、オーナー経営者の配偶者や兄弟、親戚に株式を譲渡する場合があります。この方法は、税理士に勧められて行われることが多いようです。

親族が株式をもつことのデメリットは、経営の経験やビジネスの知見がない人間が株主になって経営に携わるようになることです。たとえば将来、会社の経営が傾いて他社から資本参加してもらう必要が生じたとしましょう。そのときに経験が豊富な人なら、どこと組めばシナジーが生じるのかというところまで考えてパートナーを選ぶに違いありません。

しかし、会社の経営や事業に関与していない人は、シンプルに「一番高く買ってくれるところに売ろう」と考えがちです。その結果、三角形のバランスが崩れてしまうのです。

③ホールディングカンパニーの設立

金融機関が、事業承継対策としてホールディングカンパニー（持株会社）の設立を勧めることがあります。

オーナー経営者がもっていた事業会社の株式は、ホールディングカンパニーが金融機関から借り入れをして買い取ります。ホールディングカンパニーの株主はオーナー経営者ですが、ホールディングカンパニーは金融機関から借り入れをしているため、株式の評価額は低くなります。よって相続税の負担も軽くなります。事業承継のことだけを考えれば、よくできたスキームです。

問題は、金融機関から借り入れたお金の返済です。

借金を返すのはホールディングカンパニーですが、ホールディングカンパニーは事業を行っていないので、子会社となった事業会社の配当を借金の返済に充てます。となれば当然、事業会社の内部留保が減り、未来に向けた設備投資がやりにくくなります。会社の長期的成長を考えればマイナスです。

同じことは自社株買いについてもいえます。オーナー経営者が亡くなると、相続税を支払うために現金が必要になります。継いだ子どもは現金をつくるため、相続した株式を会社に買い取らせます。その結果、会社から現金が減り、将来への投資が抑制されてしまうのです。

④公的支援機関の活用

中小企業の事業承継をサポートするため、公的な機関が株式を引き受けてくれることがあります。

第三者割当増資で公的支援機関に株式を引き受けてもらうと、オーナー経営者が保有する株式の評価額が下がって相続税の節約になります。オーナー経営者の持株比率は下がりますが、公的支援機関は経営に口を出さないため、経営の支配権が左右されることはありません。配当性向もそれほど高くないため、ホールディングカンパニーの設立や自社株買いほど内部留保に影響は出ません。その点では、成長戦略に大きなマイナスになるわけではありませんが、プラスにもならないのです。

後述しますが、事業会社と組めばシナジーが見込め、ファンドと組めば成長にドライブがかけられます。しかし、公的支援機関を活用してもシナジーはなく、成長の後押しをしてくれることもありません。会社の成長に関しては、毒にも薬にもならない選択肢といえるかもしれません。

繰り返しますが、けっしてこれらの事業承継対策を否定しているわけではありません。オーナー経営者やその子どもたちの幸せを最優先に考えるなら、これらの事業承継対策は十分に効果を発揮します。

しかし、使い方を間違えると、これらの対策が会社の成長力を削ぐこともありえるということを忘れないでください。自分はいったい何を大事にしたいのか。それを十分に考えたうえで適切な対策を選ぶことが重要です。

「ミニＩＰＯ」で事業承継と成長戦略を実現する

事業会社と組むことでシナジーを生む

相続税の軽減に力点を置いた事業承継対策は、必ずしも会社や社員の未来を明るくするわけではありません。三角形のバランスを考えるなら、別の事業承継対策が必要です。

有力な選択肢は二つあります。「ＩＰＯ」と、先に述べた「ミニＩＰＯ」です。ここでは、さらにくわしく見ていきましょう。

ＩＰＯによって株式を市場で売却すれば、オーナー経営者は保有株式を減らすことができます。保有割合をどこまで減らすかは本人の考え方次第ですが、格段に株式を相続しやすくなります。株式市場からの資金調達によって積極的な設備投資ができるし、ストックオプション制度を導入すれば、苦しい時期を支えてくれた社員に報いることもできるでしょう。

「ミニIPO」で未来を生き抜く成長戦略を描く

		IPO	ミニIPO
社員の未来	雇用が安定する 教育レベルが向上し、スキルアップが実現 福利厚生が充実する 活躍の場が広がる		
会社の未来	社員採用力が高まる 営業力が向上し、取引先が拡充 社会的信用が高まる		
オーナー経営者の未来	創業者利益の確保 個人連帯保証・自宅担保の解消 経営者として継続 公人になることを求められる		

ミニIPO（M&A）であれば、自社にない機能をもつ事業会社と組むことでシナジーも

難点もあります。上場の基準が厳しいことです。

上場を果たすには、一定の時価総額や純資産額を満たす必要があります。ＩＲの負担もあります。上場すれば、それだけで最低でも年間数千万円の支出が増えるといわれます。そのコストを考えるだけでも、上場できる企業は限られます。

一方、Ｍ＆Ａで特定の大手企業に株式を譲渡する「ミニＩＰＯ」ではどうでしょうか。すでにご説明したとおり、効果の点では、ＩＰＯとミニＩＰＯは実質的に変わりません。

子どもなどの具体的な後継者がいなければ、パートナー企業から人材を出して

もらえます。子どもや社員を後継者にしたいという場合も、パートナー企業との交渉次第で実現可能です。

なんといってもミニＩＰＯが魅力的なのは、事業会社と組むことで生まれるシナジーです。産業構造が変化したいまは多機能化が求められますが、単にＩＰＯしただけでは多機能化は進みません。ミニＩＰＯでは自社にない機能をもつ事業会社と組むことで、これからの時代を生き抜く成長戦略を描けるようになるでしょう。

また、ミニＩＰＯなら、基準を満たすまで上場できずに適切なタイミングで資金調達できなかったり、上場のコストで成長のための投資に回す資金がなくなったりするというリスクもありません。

実際、私が手がけた案件で、ＩＰＯの方針を変更して、ミニＩＰＯで事業承継と成長戦略を同時に成功させた会社があります。マンションの大規模修繕を手がけるＣ社です。

Ｃ社には、社員持株会がありました。中堅・中小企業の社員持株会は事業承継対策のためにつくられることが多いのですが、Ｃ社はＩＰＯを目指して社員にリターンを与えようとしていました。しかし、ここで立ちふさがったのが、ＩＲなどを含めた上場コストです。

当時、Ｃ社の売上げは五〇億円。上場コストが五〇〇〇万円～一億円かかったら、利益が簡単にふっとんでしまいます。かといって、単独で売上高一〇〇億円の規模まで成長するには時間がかかります。

マンションの修繕には施工管理技士が必要ですが、新卒社員が資格者になるまでに数年はかかります。受注が増えても人手不足で対応できないため、結局は受注をセーブせざるを得ない状況でした。

Ｃ社は検討の結果、ＩＰＯではなく、大手住宅関連メーカーへのＭ＆Ａによる売却（ミニＩＰＯ）を決めました。パートナー企業には一〇〇人単位で有資格者がいるため、人材面の不安はなくなりました。また大手企業のグループに入ったことで、リース会社と提携してマンション管理組合向けローンを商品化することにも成功しています。

これらのシナジーはすぐにあらわれて、Ｍ＆Ａの翌年には売上げが七〇億円に伸びました。前年比一四〇％の成長です。

また、Ｃ社ではＭ＆Ａの直前に持株会で保有する株式の買い集め（買取り）が行われました。それによって、社員もＩＰＯと同じようにリターンを受けとることができたのです。

会社は新体制に引き継がれて、現在はＭ＆Ａ前からのプロパー社員が成長して役員の約半分を占めています。もちろん、事業承継については何の憂いもありません。

このＭ＆Ａ劇は、オーナー経営者の未来、社員の未来、会社の未来がすべて明るくなったケースでした。あのままＩＰＯを目指していれば、ここまでうまくはいかなかったかもしれません。まさにミニＩＰＯがそれぞれの未来を切り開いたのです。

「ファンド」に売るという選択肢

ミニＩＰＯは、事業シナジーが見込める大手事業会社への株式譲渡です。ただ、事業シナジーが見込めるというメリットは、同時に事業会社の色がつきやすいというデメリットと表裏一体でもあります。

マンション修繕会社のC社の相手企業は住宅関連メーカーでした。C社はそれまでさまざまなメーカーの商品を扱っていましたが、親会社の意向によっては親会社の商品だけを使わなくてはいけない可能性もありました。これが、事業会社の色がつくという意味です。

こうしたデメリットを回避したいなら、ファンドに株式譲渡するという選択肢があります。

ファンドは、将来性のある会社の株式を取得して、成長にドライブをかけて会社の価値を高め、企業価値が高くなったところで株式を売却します。ファンド自身が事業を行っているわけではないので、事業会社にミニＩＰＯするのとは違って買い手の色がつかず、事業の独立性が維持できます。

事業会社によるＭ＆Ａのようなシナジーは得られませんが、ファンドには経営のプロが揃っており、経営戦略や財務の面で適切な助言をもらえます。また、ファンドは事業会社とのネットワークを数多くもっているため、シナジーを得られる事業会社を紹介してもらえることもあります。

事業承継と成長戦略のハイブリッドを念頭に置くと、効果的な事業承継対策は、ＩＰＯが○、事業会社へのミニＩＰＯが◎、ファンドへの譲渡が○といったところでしょうか。それぞれ一長一短があり、絶対の正解はありません。比較検討して、自社に合った手法を選ぶ必要があります。

事業承継の踊り場としてファンドを活用する

事業の独立性が高いファンドへの譲渡は、事業承継の〝踊り場〟として活用することも可能です。

売上高一〇〇億円まで会社を成長させたある七〇歳の創業社長は、娘婿である副社長への事業承継を考えていました。副社長は体育会系出身でバリバリの営業マンだった方です。社長の右腕として、すでに申し分のない実績を出していました。

ただ、社長の目から見ると、経営者としては物足りないところがあったそうです。自分も年齢を重ねてきたので早く世代交代したいが、娘婿にすべて任せるのには不安が残るというジレンマを抱えていました。

思い切って大手事業会社へミニＩＰＯすることも考えましたが、株式をすべて譲渡してしまうと、いずれ自分がオーナー経営者になる心づもりでいた娘婿はやる気を失いかねません。そこで私はファンドへの譲渡をお勧めしました。株式の七〇％を譲渡して、残り三〇％をオーナー経営者側に残すという提案です。

このＭ＆Ａを機に、社長は会長に退き、娘婿が社長に昇格しました。筆頭株主のファンドからは、そのコネクションを活かして財務や営業部門のマネジャーにふさわしい人材を送り込んでもらいました。

この事例の最大のポイントは、株式譲渡契約にオプションをつけたことです。

五年間で売上増の目標を達成できれば、ファンドがもつ七〇％の株式をオーナー家が買い戻し、逆に目標に届かなければＩＰＯするか、ファンドとオーナー経営者側の株式を合わせて事業会社に譲渡するという内容です。要は娘婿が社長としてやっていけるかどうかを五年間でテストするわけです。

チャンスをもらった副社長は、この提案に異論があるはずもありません。万が一目標に届かなくても大手に株式譲渡されるので、社員の雇用や待遇も守られるでしょう。ファンドはどちらに転んでも利益をあげることができます。誰もが納得できるオプションでした。

事業会社へのミニＩＰＯでは、相手によっては細かなオプションをつけることが可能かもしれませんが、一般的にはファンドのほうが事業上の制約がないぶん、契約の自由度が高くなります。このケースでも、事業会社が相手であればＭ＆Ａは成立していなかったでしょう。

このように事業承継に迷ったときには、ファンドへの譲渡を活用して、いったん踊り場で様子を見るという選択肢があります。

通常、事業承継はやり直しができません。かといって何もしないままでは、万が一、突然の病気で倒れたときなどに後手に回ってしまいます。結論を先送りしつつ、事業承継を半歩だけ進めておきたい。そんなときにファンドへの譲渡は役立ちます。

経営課題を解消するM&Aを選択する

これまでのところをまとめておきましょう。

産業構造が変化して、ビジネスは異種格闘技戦の時代に入りました。従来の産業カテゴリー内にとどまっていては成長に限界が訪れます。業種の垣根を飛び越えて、それぞれの企業が「価値提供」「価値創造」「価値基盤」「価値情報」の機能をもたなくてはならなくなってきているのです。そして、多機能化できた企業だけが、これからの新しい産業構造のなかで飛躍していくでしょう。

企業が、「価値提供」「価値創造」「価値基盤」「価値情報」を手に入れるのに効果的な手段がM&Aです。とくに中堅・中小企業は、買うM&Aにこだわらず、売るM&

Ａ、つまりミニＩＰＯを視野に入れることで可能性がグッと広がります。
買うことだけにこだわるのは、Ｍ＆Ａについての認識が古く、時代の流れをとらえきれていないからではないでしょうか。実際、大局観をもったオーナー経営者たちは、売るM&Aを起爆剤にして会社を成長させています。いまや売るのは「攻めの戦略」なのです。

次章からは、売ることで会社の未来を切り開いたM&A事例を紹介していきます。M&Aによって、「価値情報」を補強した事例、「価値基盤」の一部である「人材」面でシナジーが起きた事例、「価値創造」と「価値提供」を強化した事例、そしてファンドを活用した事例という四つのパターンについて、それぞれ一章を割き、各章二事例ずつ解説します。

事例としてあげた企業は業種も違えば、企業規模、地域、そして抱えていた経営課題も異なります。ぜひ自社の状況に近い事例を参考にして、現状を打破するきっかけにしていただければと思います。

第2章

「価値情報」を活用できる会社が勝ち残る

データ集積の重要性が増している

第1章では、企業がこれからの時代に備えなくてはならない四つの要素――「価値提供」「価値創造」「価値基盤」「価値情報」についてご紹介しました。

業種・業界の垣根を越えた異種格闘技戦が始まったいま、企業に一番必要なものをあえてあげるとしたら、それは「価値情報」です。

ひとくちに情報（データ）といってもさまざまなものがあります。オートメーション化した工場では機械の稼働状況などが見える化されています。会計システムを導入してリアルタイムで売上げなどのデータを把握している会社も多いでしょう。

そんな数あるデータのなかでも、もっとも重要なのは顧客のデータです。

ＩＴが身近になったことで、消費者はパソコンやスマートフォンからあらゆる情報を入手できるようになりました。普段の生活や買物の意思決定において、数多くのセカンドオピニオン（他者の意見）が得られます。その情報量は一〇年前の数百倍ともいわれています。その結果、消費者はわがままになり、企業にはその消費者の嗜好と行動パターンを集積（収集・分析）していくことが求められています。

顧客データには、名前や属性などの静的なデータと、その顧客がどんな購買行動をとったのかという動的なデータがあります。前者は、以前から顧客名簿という形で存在し、依然として高い価値があります。

最近はＩＴの進化でさらに動的な要素が加わり、どの顧客がいつ何を買ったのか、実際にどう使っているのかといったデータまで企業側が把握できるようになりました。先に紹介したセブン‐イレブンの「ｎａｎａｃｏ」やコマツの「ＫＯＭＴＲＡＸ」は、まさしく顧客の動的なデータを収集して次の戦略につなげる仕組みでした。

近年、流通とメーカーの力関係は流通が優位です。流通は市場の最前線で消費者と接点をもち、消費者の行動やニーズをデータでつかむことができるからです。メーカーは、それらのデータをぜひ活用したい。流通の発言力が増すのも当然でしょう。

第２章ではオフィスコム株式会社と株式会社インフィールドを紹介します。この二社は、大手企業とパートナーとなることで「価値情報」力を強化しました。さっそく事例を見ていきましょう。

大手企業と組むことで前年比一六〇%の成長を果たす

◎オフィスコム株式会社

二度の倒産を経験して創業

オフィス家具の企画・製造・販売を行うオフィスコム株式会社は、高橋和也社長が二〇〇七年に創業した会社です。

じつは高橋社長にとって、オフィスコムは三社目の起業でした。それまでの二社は売却ではなく倒産です。三度目の正直でようやく成功をおさめたのがオフィスコムでした。どうして前の二社はうまくいかなかったのか。理由の一つに、お金への執着があったそうです。

高橋社長は大阪府東大阪市の生まれで、実家は小さな木工所を営んでいました。家業は順調ではなく、家に借金取りが押しかけてくることもしばしば。それが原因で両親の夫婦げんかも絶えなかったといいます。そうした環境で育つなかで、高橋社長の心には「お金があれば幸せになれる」という強迫観念のようなものが形づくられていったといいます。

高橋社長は、高校卒業後、光通信という当時飛ぶ鳥を落とす勢いだった通信系のベンチャーで働き始め、二年後に通信系の事業で独立をします。ところが、前述のように事業に失敗。再起してまた起業したものの、ふたたび会社を倒産させてしまいます。二社目の倒産時には一〇〇〇万円以上の借金を背負い、住むところも失ってしばらくホームレス生活を余儀なくされました。

どん底の生活のなかで反省したのは、これまでの経営姿勢でした。高橋社長は幼少のころの貧乏体験がトラウマになって、とにかく自分の利益を最優先する、その姿勢がお客様離れや従業員の裏切りを招いていたと気づいたのです。

「今度は自分が儲けるためではなく、お客様の役に立つ商売をしよう。その結果として利益が出れば、仲間や従業員の生活を豊かにしよう」

そう心に誓った高橋社長が着目したのが、オフィス家具でした。

会社を立ち上げれば、机や椅子が必要になります。資金が潤沢ではない創業時の企業にとって、オフィス家具のコストは意外に大きな負担です。高橋社長は、そのことを自分の起業経験から肌で感じていました。そこで、オフィス家具を安く提供する事業を展開すれば、起業が活発になって日本経済にも貢献できるのではないかと考えたのです。

倒産から三年。高橋社長は顧客第一主義を掲げてオフィスコムを設立します。二九歳のときでした。

安さとインターネットを武器に急成長

オフィスコムは創業以来、着実に売上げを伸ばしていきます。M&Aの最終契約をした二〇一五年一二月期の売上げは三〇億円。創業一〇年未満でここまで成長した要因は二つありました。

一つは、安さです。オフィスコムは、オフィス家具の企画から製造、販売までのバリューチェーンを垂直統合で手がけています。通常、このバリューチェーンは、複数の会社で手がけるために、川下にいくほど中間マージンが乗って市場価格が高くなります。しかし、垂直統合モデルなら、中間マージンを圧縮して低価格で商品を提供することが可能です。

ただ、垂直統合といっても自社で工場を保有しているわけではありません。実際に製品をつくるのは協力工場です。オフィスコムは、中国や台湾の工場と提携して製品をつくっていて、コスト面で大きなメリットを得ていました。

垂直統合モデルで中間マージンを圧縮して、海外の工場と提携して生産コストを下げるのはとくに珍しいモデルではありません。アパレルのファーストリテイリングや家具のニトリも、同じビジネスモデルで消費者に低価格で商品を提供してきました。それをオフィス家具に特化していったのがオフィスコムです。

成長の要因として見逃せないものがもう一つあります。インターネット通販です。オフィスコムはショールーム以外の店舗をもっていません。販売は基本的にすべてＥＣサイト。しかも、楽天やヤフーなどのモールに加え、自社サイトでの販売に力を入れています。

インターネット通販の売上げは年々増加しており、オフィス家具を扱う各社もネット上に店を出すようになっています。ただ、オフィスコムが創業した当時、リアル店舗をもっている会社にとって、ネット支店はおまけ的な存在にすぎませんでした。

一方、オフィスコムはネット上にしか店舗がないため、他社とは力の入れ方が違いました。おそらくサイトのデザインや使いやすさ、さらにＳＥＯ（検索エンジンの最適化）対策にも徹底的にこだわったことでしょう。いまグーグルで「オフィス家具」を検索すると、オフィスコムが一番上に出てきます。これもインターネット通販に特化してきた結果でしょう。

垂直統合モデルによる低価格戦略をオフィス家具というニッチな分野で実現して、さらにインターネット通販に特化して競争力を高める。それがオフィスコムの成長を支えていました。

“佐川ショック”で物流問題が表面化

ただし、課題がなかったわけではありません。高橋社長が意識していた課題は二つありました。

まず一つは、品質の問題です。

オフィスコムの協力工場は海外にあるため品質管理が難しく、不良品が混じっていたり、配送の梱包が未熟で途中で壊れたりするケースがしばしば発生したそうです。

これは看過できない問題でした。オフィス家具は、家庭用の家具ほどデザイン性を問われませんが、耐久性を強く求められます。オフィスコムの製品はすぐ壊れると評判が立てば、一気に顧客離れが起きる可能性があります。インターネット通販だけに、口コミによる評価はリアル店舗以上に影響が大きいのです。

もう一つの課題は物流でした。

物流は、インターネット通販を行うすべての企業にとって頭の痛い問題です。インターネット通販の売上高が急速に伸びる一方で、物流を担う輸送業に従事する人員の数は増えていません。物流会社はこの状況に悲鳴をあげ、二〇〇八年には、佐川急便が家具業界に対して大きな荷物は配送しないと通告しました。業界では〝佐川ショック〟と呼ばれています。

そこから状況が改善されたのかといえば、むしろ悪化する一方。二〇一七年には最大手のヤマトがアマゾンの当日配送から撤退したというニュースが流れました。インターネット通販を支える物流は、破綻寸前といえます。

この問題を解決する有力な手段の一つが、独自の物流網の構築です。

とはいえ、実際には簡単にいきません。オフィス家具は、通常の商品と違って届ければ終わりではないからです。届けた後にその場で組み立てたり、新しい家具を入れたことで出る不要品を引き取る作業が発生します。

こうしたサービスを全国一律で提供できるだけの物流網を構築しようとすれば、莫大な額の設備や人員確保が必要になります。当時、オフィスコムにそこまでの投資をする体力はなく、物流網の脆弱さが会社の成長を妨げていました。

品質のよいものをつくる「価値創造」と、物流網やその整備に必要な資金といった「価値基盤」。企業の機能でいうと、オフィスコムはこの二つにウィークポイントがあったわけです。

一社買うだけでは課題を解決できない

自社のさらなる成長のために、次の一手を打ちたい。そう考えていた高橋社長がたどり着いたのがM＆A戦略でした。

当時、当社が取り扱っている譲渡案件の一つに、産業廃棄物の中間処理施設がありました。その買い手候補として、ある弁護士の方からオフィスコムの紹介を受けたのが、高橋社長と私との最初の出会いでした。

オフィスコムは家具の配送時に、取りつけや古くなった家具の引き取りも行っています。中間処理施設を保有すれば、廃材や廃棄家具を処理できるというシナジーが生まれます。高橋社長もはじめは乗り気でしたが、その会社の保有資産が重たかったこと、そしてオフィスコムが抱えていた課題に合致する相手ではなかったことから、見送りとなりました。

当社と接点ができたオフィスコムには、その後、約三〇社を紹介しました。品質や物流についての要望を聞いていたので、運送会社を引き合わせたこともあります。

ただ、自社で物流機能を強化しようとしても、全国一律に届けられる物流網の構築までの道のりはとても長い。課題を解決するためには次々と買収を重ねなくてはなりません。そのことに気づいた高橋社長は方針を転換し、自社より大きなパートナーと組むことを模索し始めたのです。

不足を補い合える組み合わせ

自社の課題を解決できる会社に株式を譲渡して成長の起爆剤にする――その道を検討し始めたオフィスコムにぴったりのパートナー候補がありました。プラス株式会社です。

プラスは、一九四八年創業の大手文具・事務用品・オフィス家具メーカーです。流通モデルの創造にも注力し、同社のオフィス用品の通販事業としてスタートさせたアスクルは、のちに上場を果たしています。

プラスでは、ＳＯＨＯ向けのネット通販事業を「Ｇａｒａｇｅ」というブランドで展開しています。Ｇａｒａｇｅは単体でも利益が出ていますが、プラスが期待していたほどの成長カーブは描けていない状況でした。

そこに浮上したのが、オフィスコムとのＭ＆Ａでした。Ｇａｒａｇｅが販売するオフィス家具は高品質かつ中・高価格帯で顧客は中堅企業から大手企業中心です。一方、オフィスコムが販売するのは低価格帯の商品でベンチャー企業向けが中心です。プラスから見ると、オフィスコムを傘下に置くことで、手薄だった低価格帯とＧａｒａｇｅでは獲得できなかった顧客層をカバーできます。プラスにとっても、オフィスコムは魅力的なパートナーでした。

一方、オフィスコム側から見るとどうだったのか。

前述のとおり、オフィスコムの課題は大きく二つありました。まず品質です。プラスにはメーカーとして、ものづくりに関するノウハウが蓄積されています。オフィス家具は群馬県前橋市にある国内工場で生産されており、メイド・イン・ジャパンの名にふさわしい品質管理が行われています。国や地方自治体公認の技術検定に合格した「匠社員」を優遇するなど、品質へのこだわりを徹底しています。

プラスとパートナーになれば、同社が培ってきた品質管理手法を移植できます。海外生産で起こりがちな「安かろう悪かろう」問題に悩んでいたオフィスコムにとって、品質改善の大きなチャンスです。

もう一つの物流問題も、プラスと組むことで解決に向かいます。

プラスは、物流の関連会社プラスロジスティクスを傘下にもっています。この関連会社はかつてアスクルの物流を支えていたことから、全国一律配送のネットワークとその運営ノウハウを備えていました。自社による物流網の構築を目指すオフィスコムにとって、そのネットワークとノウハウはまさに宝だったでしょう。

プラスから見れば、オフィスコムは自社が弱い顧客層をもっていて、逆にオフィスコムから見ると、プラスは品質向上と物流のノウハウをもっている。まさにお互いの足りないところを補い合える理想の組み合わせでした。

「価値情報」のもとになるデータを得る

オフィスコムにとって、プラスとのパートナーシップにはもう一つ魅力的な面がありました。それは、この章のテーマでもある「価値情報」のもととなるデータです。オフィスコムは、オフィス家具の企画を自社で行っています。売れるオフィス家具を企画するには、ユーザーのニーズをつかむことが欠かせません。

しかし、オフィスコムはネット通販会社であり、リアルでユーザーと接することができる場は限られています。全国にショールームを四つもっていますが、多店舗展開している競合と比べると不利です。そもそもショールームに足を運ぶユーザーは、実際にネットで購入するユーザーを代表しているわけでもありません。ユーザーのニーズをつかむチャネルとして、ショールームだけでは心もとないのが実態でした。

では、どうすればネットでオフィス家具を買うユーザーのニーズを把握できるのでしょうか。ネットを利用するユーザーのニーズは、まさしくネット上の動きにあらわれます。

・どのようなワードで商品を検索したのか

・どの商品の画像をよく閲覧したのか
・どの商品を買い物かごに入れたのか
　そういった履歴を分析すれば、単に売上げを見てわかること以上の情報が浮かび上がってきます。たとえば閲覧数は多いのに売れていない商品があれば、商品自体のニーズは高いが、競合商品との比較で劣る部分があるのかもしれません。ユーザーのネット上の動きは、じつに雄弁です。

　オフィスコムは自社サイトをもっているので、こういった分析も当時から可能でした。とはいえ、データの管理や分析にはお金がかかります。オフィスコムでは、多少は活用していたというレベルにとどまっていたのではないでしょうか。一方、プラスはオフィス用品メーカーの大手です。数多くの販売取引記録やカタログの閲覧履歴が残っていることは想像に難くありません。M＆A成約当時のオフィスコムの売上高は三〇億円。プラスの二〇一五年一二月期の連結売上高は一二七二億円。当然、顧客数も販売量も格段に違います。

　先ほどお伝えしたとおり、ユーザーのニーズをつかむには、多くの顧客データを入手することが重要です。データを正確に分析するには、母集団となる良質なデータが大量に必要だからです。

中堅・中小企業の経営者も、データの収集・分析が重要であることは理解しているものの、実際に大量のデータを入手することは容易ではありません。しかし、オフィスコムはプラスと組むことで、それを可能にしたのです。

日本では、データを分析し、十分に活用できている企業はまだ多くありません。「ビッグデータ」「データ分析・解析」という言葉をよく聞くようになりましたが、いまはまだデータを収集・蓄積する段階にとどまっている企業がほとんどです。分析できていないデータは、宝石の原石のようなものです。この原石をどうやって宝石に変えていくか。今後オフィスコムはプラスとともに、データの分析・活用という次のステップに進んでいくことも考えられるでしょう。

経営理念や企業風土の合致

プラスは、オフィスコムのウィークポイントを補うことができる理想的なパートナー候補でしたが、高橋社長はそれだけを理由にプラスと組むことを選んだわけではありません。

Ｍ＆Ａでは、成立後の経営を見据えて考慮しなければいけない重要な条件が一つあります。それは、経営理念や企業風土が合致しているかどうか。

買う側と売る側でこれが合致していないと、Ｍ＆Ａ後に摩擦が起きるケースが多いのです。ときには、社内に異質なものを取り込んで刺激を与えることを目的にＭ＆Ａを行うケースもありますが、その場合でも根本的な価値観に違いがあるとうまくいきません。ベースになる価値観が共通していればこそ、お互いに刺激し合っても壊れずに一緒にやっていけるのです。

じつはオフィスコムは、プラスの前に別の企業とＭ＆Ａ交渉を行っていました。高橋社長もいったんは乗り気になり、デューデリジェンス（買収監査）も完了して最終契約の直前まで進みました。

しかし、最後の最後で幹部が反対。「経営理念が違うから」という理由でした。オフィスコムは、顧客第一主義を掲げて事業を展開していましたが、そのときのパートナー候補企業は必ずしもそうではなかったため、幹部はそこに異を唱えたのです。

高橋社長は、幹部の意見を聞いてその企業とのＭ＆Ａを思いとどまりました。高橋社長はオフィスコムの前に二社を経営していましたが、自分の利益を最優先した結果、どちらも倒産させています。オフィスコムはその反省から出発した会社であり、理念の違うところと組めば、会社の存在意義が根底から崩れることになる。それではいくら成長しても意味がない。また、M&A後に摩擦が起きて組織として機能しなくなるおそれもある。こうした点を憂慮して見送ることを決断されました。

一方、プラスとは顧客を大事にする姿勢が共通していました。また、アスクルを成功させたことからもわかるように、歴史ある企業でありながら新しいことに挑戦するベンチャースピリッツも失われていない。根本にある価値観が同じなら、M&Aによる摩擦は最小限ですみます。その点でもプラスは理想的なパートナー。こんどは幹部からの反対も出ませんでした。

現場で働く社員たちの反応はどうだったのか。

一般的に、株式譲渡は社員に不安を引き起こします。「株式譲渡＝身売り」という古いイメージにとらわれている人もまだ多いからです。そのため、高橋社長は、社員への自社に関する情報開示から始めました。経営状況がブラックボックスになったまま株式譲渡を発表すると、社員は「経営が厳しいから売却するのか」と想像をめぐらせてしまいます。そこで、社員を集めて経営情報や戦略、人事施策などを公表。現状と今後の方向性を示しながら、株式譲渡は身売りではなく成長戦略だということを無理なく理解できる土壌づくりをしていきました。

ある程度の時間をかけて地ならしをしたうえで、株式譲渡を正式に発表。発表にあたっては、プラスから常務を招き、プラスの事業や経営理念、社員の給料や仕事内容に変わりがないことを説明してもらいました。

これが功を奏したのでしょう。社員からは「経費の精算はどうなるのか」といった些末な質問しか出なかったそうです。普通は待遇や人事、会社の将来に関する質問が相次ぐのですが、それらに関する不安はすでに解消されており、細かなことしか聞くことがなかったのです。

M&Aのシナジーで前年比一六〇%の成長

二〇一六年一月、プラスによるオフィスコムの全株式取得が行われ、M&Aが成立しました。

社長は高橋社長が引き続き務めました。勘違いしている方も多いかもしれませんが、株式譲渡したあともパートナーとの交渉次第で、元オーナー経営者が経営を続けることが可能です。むしろ成長戦略型M&Aでは、M&A直後の混乱を避けるため社長が続投するケースが目立ちます。高橋社長も成長戦略を軌道に乗せるまでの期間そのまま留任されました。

このM&Aの効果を検証していきましょう。

課題の一つであった品質は改善が見られました。プラスの品質基準を参考にして、オフィスコム独自の品質基準を策定したのです。その基準をクリアするために検査機器も導入しています。検査機器購入などの投資が可能だったのは、大手と組んだことで資金調達できたからです。こうした取り組みの結果、独自基準をクリアした商品が続々と誕生しています。

もう一つの課題であった物流にも成果があらわれています。

オフィスコムは二〇一六年一二月、千葉県柏市に「東日本物流センター」を開設しました。それまで埼玉県三郷市を中心に四カ所の倉庫に分散されていた在庫を、この物流センターに集約。保管能力はこれまでの一・五倍になり、出荷量増加への対応と商品アイテムの拡充を図っています。

じつはこの物流センターの運営を担っているのが、プラスのグループ会社であるプラスロジスティクスです。オフィスコム単独では大規模な物流センターの運営は困難でしたが、プラスと組んだことで設備もノウハウも手に入れたのです。

また、これまで関東の一部地区限定だった組立サービスも、プラスの物流網を活用して東日本エリア全域へと拡大し、全国一律の配送サービスに向けて、大きく前進しています。

これらのシナジーは大きく、オフィスコムの売上高は二〇一五年一二月期三〇億円から、二〇一六年一二月期四七億円へと急増。もともと上昇カーブにあったとはいえ、前年比一六〇%は驚異的です。M&Aによって成長にドライブがかかったことは間違いありません。

人生四度目の起業へ

高橋社長はオフィスコムがさらなる成長軌道に乗ったことを見届け、二〇一七年一月に社長を退任されました。副社長にはプラスの方が就任されましたが、後継の室木剛社長はオフィスコムのプロパーです。

オフィスコムの経営から手を引いた高橋社長は、現在、新事業に挑戦しています。

オフィスコムと同じく家具のＥＣサイトを近々開設する予定です。こんどは個人向けの家具や寝具で、ライフスタイル提案型の商品が中心です。さらに個人クリエーターが投稿したデザインを商品化して販売するＣｔｏＣのプラットフォーム事業も視野に入れているそうです。

自分の利益を優先するなら、株式を譲渡した資金で悠悠自適のセカンドライフを送ることもできたでしょう。いままで頑張ってきたごほうびですから、それも悪くないと思います。ただ、二度の倒産で価値観が変わった高橋社長は、社会のため、人のために生きる道を選びました。三社目を成功させて売却した後もその気持ちは揺るがず、四社目の起業となったわけです。

四社目の開業資金は当然、株式を譲渡して手に入れた売却益です。成長戦略型Ｍ＆Ａは、自社の成長にドライブをかけるだけでなく、オーナー経営者の第二、第三の人生における挑戦をも支えてくれます。

ちなみに新たに設立した会社の名前は、「南北」です。由来は、「南から北までよい品を探し、南から北までよい品を届ける」。じつに高橋社長らしい社名です。

創業経営者のジレンマを解消

◎株式会社インフィールド

「自分の好きな仕事を一〇〇%やりたい」

一般消費者への認知度は高くありませんが、貸しホールや貸し会議室業界では知らない人がいない有名な会社があります。原田潤社長が創業した株式会社インフィールドです。大きなイベントがよく開かれる秋葉原の「ＵＤＸ」も同社の運営です。

原田社長は大学を卒業後、ビール会社に就職。もともとデベロッパー志望でしたが、そのビール会社が工場を移転させて、跡地を再開発するという情報を知ったことで、事業会社のなかで不動産開発を手がけてみたいと考えたそうです。原田社長が就職したのは、バブルの真っ只中の一九八九年。不動産開発は事業会社にとっても魅力的な事業でした。

願いが叶って不動産開発事業に配属された原田社長は、本格的に開発がスタートされるまでの数年間、空いた倉庫を展示会やセミナーなどに箱貸しする事業を手がけました。いまインフィールドが展開している貸しホール事業と同じビジネスです。

このビジネスは、想定以上の利益を叩き出しました。

原田社長は再開発された施設群がオープンして一年後、ビール会社を退社します。オフィスタワーのテナント集めや商業施設に入った百貨店の対応など業務の幅が広がり、貸しホール業務に集中できなくなったからだそうです。当社のセミナーで原田社長をゲストスピーカーとしてお招きしてお話しいただいたことがありますが、退職の経緯について壇上でこうおっしゃっていました。

「貸しホール事業に携わるうちに、その魅力に気づきました。どうせなら、自分の好きな仕事を一〇〇%やりたい。ちょうどホールの運営にお困りのオーナーと知り合ったこともあり、思い切って独立しました」

インフィールドの前身になる有限会社リネアドゥーエの設立は一九九五年です。最初は六本木にあるホール運営から始め、少しずつホールや会議室の数を増やしていきました。株式会社インフィールドに組織変更後も順調に成長を続け、この業界で存在感を示すまでになったのです。

ホスピタリティを武器にユーザーの支持を獲得

インフィールドの売上規模は必ずしも大きくありませんが、高い収益率を実現していました。この背景には、自ら不動産をもたずに、ホールのマネジメントだけに特化したことがあります。

貸しホール・貸し会議室事業を行う企業の多くは、自社や自グループで不動産を抱えています。たとえば大手のデベロッパーが大きなビルを建て、自社物件の一部を貸しホールや貸し会議室にします。ただ、貸しホール・貸し会議室事業のノウハウがなかったり、人員を割くことが難しいというオーナーも少なくありません。

インフィールドは、運営のノウハウのないオーナーに代わってスタッフを常駐させ、貸しホールや貸し会議室の運営を行います。自ら不動産を所有するわけではないので、高い収益率を実現できるのです。

同じように運営代行に特化した競合がいないわけではありませんが、そのなかでもインフィールドが抜きん出た存在になったのは、原田社長のホスピタリティ溢れる人間性があったからでしょう。

貸しホール・貸し会議室事業では、ユーザーのためにお弁当やケータリングの手配を行うこともあります。お弁当を出すとき、ただ運ぶのではなく「温かいうちにお召し上がりください」と声をかける。そのひとことがとても大事なのです。会議室を借りる総務担当者に「スタッフの対応がよい」と思ってもらうことがリピートにつながります。

原田社長は自分たちの事業をサービス業と認識して、自身が心のこもったサービスをするだけでなく、それができるスタッフを育ててきました。それがユーザーの支持を呼び、直接の顧客である不動産オーナーからの信頼にもつながっていきました。

社長の思いが成長阻害要因に

インフィールドは設立以来、増収増益基調を続けてきました。リーマンショックのときでさえ売上げが下がらなかったのですから、かなりの優良企業です。

しかし、課題がなかったわけではありません。

最大の懸念は、原田社長自身のモチベーションでした。その気になれば会社をもっと成長させられるのに、経営者にその意欲が乏しかったのです。

成長への意欲がないというと、原田社長がやる気のない後ろ向きの経営者であるかのように受け止められてしまうかもしれませんが、そうではありません。独立の経緯からもわかるように、原田社長は貸しホール・貸し会議室事業に惚れ込んでいました。しかし、会社が成長して大きくなれば、本業の仕事より、経営者として組織をマネジメントする仕事の比重が大きくなっていきます。

一例をあげましょう。原田社長は、育児休暇など女性が働きやすい制度を積極的に導入していました。ただ、各種制度を導入しようとすると、手続きなどマネジメント側の仕事が増えていきます。

もともと「自分の好きな仕事を一〇〇％やりたい」といって独立した原田社長にとって、組織マネジメントに忙殺されるのは本意ではありませんでした。後ろ向きどころか、本業にかける思いが強いがゆえに、「これ以上、会社を大きくしたくない」という気持ちが生まれてしまい、会社の成長にブレーキをかけていたのです。

具体的には、受託するホールや会議室の数をセーブするという形であらわれていました。たとえば幹部が大規模ホールの案件をもってきても、原田社長は「駅から遠いからやめたほうがいい」と却下。セミナーで打ち明けてくださいましたが、「駅から遠い」というのは口実にすぎず、本当は受託すると社員を増やさなくてはいけないことが嫌だったそうです。

「できるなら、原田商店のままやっていきたい」

その気持ちが機会損失を発生させ、成長の足かせとなっていました。

社長自身が成長のブレーキになっている――。

この状況を原田社長もよしとしていたわけではありません。自分の思いはひとまず脇に置いても、会社を成長させなくてはいけない理由が二つありました。

一つは社員の生活に対する責任です。株式譲渡直前、インフィールドの社員数は四〇人以上になっていました。創業当初は若手ばかりでしたが、二〇年のうちに社員の年齢も上がり、子どもをもつ社員も一五人に。子育てにはお金がかかりますから昇給し続ける必要があります。

給料を上げるには、ホールや会議室を増やして売上げを伸ばさなくてはいけません。新しいホールや会議室が増えれば新たな運営スタッフも必要になり、さらに社員やその家族が増えていく。会社を何としてでも成長させて、このサイクルを回していかなければならないのです。

リスクマネジメントの観点からも成長は必要でした。

不動産オーナーとの業務委託契約は、契約期間が満了すれば通常は更新しますが、さまざまな事情で更新してもらえないケースも想定しておかなければなりません。

当時、インフィールドが契約を結んでいたホールや会議室の数はけっして多くはありませんでした。数が少なければ、一つの施設が契約終了になっただけでも大きなダメージを受けます。万が一の事態に備えるためには、契約施設の数を増やしてリスクを分散しておく必要があります。

原田社長はこのままの状態を維持することを望んでいたかもしれませんが、現状維持のためにこそ施設数を増やす必要があったのです。

成長戦略型M&Aなら課題を解決できる

組織マネジメントに忙殺されたくない。でも、会社は大きくしなければならない。

このジレンマを解決する方法が一つだけありました。それは、経営の第一線から退くこと。社長の座を誰かに譲れば、自分は現場に戻るなり新会社をつくるなどして自由に動くことができます。

しかし、言うは易く行うは難しです。原田社長のお子様は、成人したばかりの娘さん一人。もともと娘さんに継がせるつもりはなかったそうですが、本人がその気になったとしても、年齢を考えると当面は無理です。ナンバーツー、ナンバースリーへの内部承継も簡単にはいきません。二人とも三〇代とまだ若く、経営者として育つまでには時間が必要でした。

当時、原田社長は四八歳。誰が継ぐにしてもいますぐは難しいので、しばらくは自分がこのまま経営を続けるしかないとあきらめていました。

日本M&Aセンターと接点をもったのは、ちょうどそのころです。人が育たなければ、将来、第三者に株式を譲渡する日がくるかもしれない。その日に備えて、M&Aの基本くらいは勉強しておこうと当社との面談の機会をもったそうです。

インフィールドの状況を部下から聞いたとき、私は耳を疑いました。社長はまだ若く、事業承継を考えるような年齢ではありません。事業の収益性も高く、将来に向けた展望も明るい。普通ならば、株式を売ってくれと言っても売ってもらえるような企業ではないからです。

これは自分の目で確かめなくてはいけないと考え、私はさっそく原田社長のもとにお話を聞きに行きました。そこで前述の事情をうかがい、「原田社長が抱える問題を解決するのは成長戦略型M&Aしかない。しかもいますぐ取りかかるべき！」と直感したのです。

大企業グループが貸し会議室会社に注目した理由

インフィールドは優良企業ですから、株式を取得したいという企業はたくさんありました。そのなかから、事業シナジーが見込め、同社を高く評価している三社を紹介して、実際に条件提示まで進んでいただきました。

原田社長が最終的に選んだ相手は、株式会社東急コミュニティーです。東急コミュニティーは、東急不動産ホールディングスグループのマンションやビルなどの管理運営を行う総合不動産管理会社です。

決め手となったのは、大手ならではの組織マネジメント力でした。株式譲渡前の原田社長は、会社の管理に労力の大部分を割いていました。自分で就業規則をパソコンに打ち込み、給与明細を表計算ソフトでつくってプリントアウトし、切って社員に配るという業務までこなしていたそうです。大手グループの一員になれば、こうした管理業務はすべてシステム化され、社長は経営に集中できます。

社員から見ても、大手グループの一員になることは魅力的でした。インフィールドは堅実に成長を続けてきたとはいえ、規模的にはベンチャーであり、この先もずっと安定が保証されているわけではありません。いまの世の中は大手だから安泰というほど甘くありませんが、子どものいる社員たちにとっては安心材料の一つになります。社員の将来に対して責任を感じていた原田社長も、大手と組めば肩の荷を下ろすことができます。

東急コミュニティー社長とのトップ面談も、原田社長の心を動かしました。セミナーで原田社長は次のように明かしています。

「お相手からは、インフィールドを取得することが会社の進むべき方向性としていかに重要であるかを力説されました。『これからは供給過多で、不動産業界にとって厳しい時代がくる。乗り越えるためには事業の構造転換が必要であり、そのために貸し会議室事業を育てていかなければいけない』と、将来を見据え、非常に論理的で説得力がある内容でした。こういう経営者のいる会社の傘下で事業ができれば、社員も幸せだろうと感じました」

実際、東急コミュニティーがインフィールドに寄せる期待は高く、その期待は提示された諸条件にもあらわれていました。守秘義務があるので具体的な内容は明かせませんが、原田社長も十分に満足されています。

ここで東急コミュニティーを取り巻く不動産業界の事情についても、私の分析をお話ししておきましょう。

不動産業界は今後、供給過剰で新築物件が売れにくい時代に突入します。すでに空き家問題も表面化していますが、これは避けがたい流れです。新しいものを建てるより、既存の建物のメンテナンスやリノベーション、有効活用に成長の可能性を見出そうとしている動きも見受けられます。

二〇〇〇年、東急コミュニティーは貸し会議室事業を展開する株式会社ＴＣフォーラムという会社を買収しています。いまから一七年前に、すでに時代の流れを読んで動いていたわけです。

ただ、ＴＣフォーラムの場合は小型の施設が多く、貸し会議室事業を柱の一つにしていくためには、大型ホールを運営できるノウハウをもった企業と組み、よりサービスの質を向上させ、領域を拡大していく必要がありました。その点で、インフィールドはTCフォーラムにとっても絶好のパートナーだったのではないでしょうか。

M&Aによって財務力が強化され、積極策へ転換

二〇一五年一月、東急コミュニティーへの株式譲渡が行われ、インフィールドは東急不動産ホールディングスグループの一員になりました。日本を代表する大手グループに入ったことで、経営の安定性が格段に増しました。とはいえ、安定するだけでは成長につながりません。

成長に向けたシナジーはどうだったのでしょうか。

まず大きなポイントは、社長が交代したことです。原田社長は相談役になり、東急コミュニティーから事業拡大に対する熱意をもつ方が社長のポストに就きました。

会社を大きくしたくないという心理から、原田社長はリスク回避重視の決断をしがちでした。いまは、貸しホール・貸し会議室事業をグループの柱に育てようという意欲のもと、チャレンジングな案件にもゴーサインが出るようになっています。

成長のためにはリスクテイクが欠かせません。積極的にリスクをとる社長がきたことで、業容拡大のスピードはグンと上がるはずです。

もちろん新社長はやみくもにリスクをとりにいっているわけではないでしょう。グループの財務力という担保があるから、アクセルを踏めるのです。

これまでインフィールドは、設備投資が必要になる案件の受注を避けてきました。貸し会議室の運営事業は、ホールや会議室をもつオーナーと業務委託契約を結ぶため、運営会社自身がホールや会議室を所有する必要はありませんが、なかには「設計の段階から一緒にやってほしい」「空間は提供するが、音響や照明設備はそちらで揃えてほしい」といった要望をもつオーナーもいます。

その声に応えようとすれば、資金投入が必要になります。原田社長は設備投資によって財務が悪化することをおそれ、こうした案件を断ってきました。いくら収益性が高いといっても、小規模な会社です。原田社長が設備投資に二の足を踏むのは当然の判断でした。

しかし、この問題は東急不動産ホールディングスグループの財務力という「価値基盤」の分野、いわゆるリソースを得ることで解決できます。大手の信用力でお金を借りやすくなりますし、万が一キャッシュ不足に陥ったときも親会社からサポートが受けられます。単独ならば怖くてできなかった投資も、いまなら可能なのです。

リスクがとれる財務力と、リスクをとる意欲のある経営者。この二つを手に入れたことで、インフィールドのもつ成長の伸びしろは、ますます大きくなっています。

事業拡大のカギを握る「価値情報」

ここからは、また私の仮説です。

今回のM&Aは、インフィールドにとってもう一つ大きな意味があったと考えています。マーケットリサーチ力の強化です。

インフィールドは、サービス向上やマーケティングのために、貸しホールや貸し会議室を利用するユーザーの動向を分析していたはずです。どの時期にどのようなユーザーが、どのような目的で利用するのか。その傾向がわかれば、先手を打っての施策が可能です。

ただ、株式譲渡前にインフィールドが運営していたのは、限られた少数の施設にすぎませんでした。それらのデータだけでは、個別施設の傾向はわかっても、一般的な傾向までを導くことは困難です。データ量が少ないため、システムも小規模でした。

しかし、貸し会議室を展開するTCフォーラムとの協業体制が整えば、将来的には彼らがもつデータの活用も夢ではありません。いまや大手企業のグループの一員ですので、膨大なデータを扱える大規模なシステムの構築も期待できます。

また、近年はＴポイントカードやポンタカードなどポイントカードによる顧客データの共有が盛んで、データを売買するプラットフォームも広まりつつあります。データ自体の価値がより重要になっていく時代環境において、環境に適応できるようになることは、インフィールド自体の成長に、より貢献するのではないかと思います。

原田社長は、こうした可能性を考慮して相手を選んだわけではないと思いますが、ご本人の意図にかかわらず、大手企業グループと組むことで「価値情報」の機能は大幅に強化されていくでしょう。そして数年後、「あのＭ＆Ａで価値情報力がアップしたことが成長の分岐点になった」と振り返る日がやってくるのではないでしょうか。

第3章
人の成長なくして企業の成長なし

事業の成長に人の成長が追いつかない

中堅・中小企業と大企業では、ヒト・モノ・カネの「リソース」に圧倒的な差があります。大企業なら正社員で対応する業務を派遣社員で対応する。大企業なら簡単にできる設備投資をためらう。あるいは物流網や支店ネットワークの未整備に頭を悩ませているかもしれません。

第2章でご紹介した「価値情報」、いわゆるデータ収集・分析が企業のアタマの部分だとしたら、リソース＝「価値基盤」は足腰の部分です。どんなにすばらしいビジネスモデルを思いついても、それを形にできる足腰がなければ、絵に描いた餅で終わってしまいます。実際、自社にもう少しリソースがあれば大企業に負けない競争力をもてたのに、と悔しい思いをした経営者の方も多いはずです。

リソースのなかでも、成長中の企業にとってボトルネックになるのは「人材」でしょう。ビジネスモデルが時流をとらえていて、営業力があれば、受注は放っておいても増えていきます。しかし、増えた受注をこなすには人員が必要です。人手不足の昨今、スタッフを確保できずに受注をあきらめた企業は少なくないでしょう。

急成長中の企業が人手不足から入社数年の若手をマネジャーにした結果、現場が混乱してオペレーションが崩壊し、顧客からクレームが殺到したという話を耳にすることもあります。現場を適切に管理できるマネジャーを育てるには時間がかかります。マネジャーを束ねる幹部クラスの社員を育てるには、さらに長い時間が必要です。

事業には潜在的な力があるのに、人材の成長が追いつかず、事業の成長にブレーキがかかる。リソース不足のなかでも、この問題が一番もったいない気がします。

こうしたヒトの問題も、成長戦略型M＆Aで解決できます。人材が豊富な大手企業とパートナーになれば、専門知識や熟練の技術をもった人を派遣してもらうこともできるでしょう。また、大手の看板によって採用力が高まったり、教育の制度やノウハウを吸収して人材育成のスピードを速めることも可能です。

この章では、実際に成長戦略型M＆Aで人材の問題を解決した株式会社VALOR（バロー）と株式会社向井珍味堂の事例を紹介します。人材の問題は、成長著しい企業ほど表面化します。自社の事業に自信のあるオーナー経営者ほど必読の事例です。

上場企業の採用力、社員教育制度を活用

◎株式会社VALOR

ユニークな販売チャネルで差別化

　ほとんど個人商店に近い小さな店舗から大企業の系列店まで、大小さまざまな規模の会社がひしめき合う不動産仲介業界。小さな会社でも簡単に起業ができ、事業を継続できる理由は、顧客となる不動産オーナーとの信頼関係さえ築ければ事業が成り立つビジネスモデルにあります。

　不動産仲介業は、大家さんとなる不動産オーナーと、その不動産を買いたい人や借りたい店子を結びつけて、オーナーの代わりに契約をまとめたり物件の管理をしたりする仕事です。

　不動産オーナーといっても、その多くは小さなアパートをもつだけだったり、何らかの事情で持ち家を貸さなくてはいけなくなった個人で、そうした個人オーナーは法人オーナーより人間関係を重視する傾向があります。いわゆる義理人情の世界です。

そのため、個人オーナーの懐に飛び込むことがうまい営業マンタイプの人ならば、顧客をつかんで独立することが可能です。

仕入れが必要な事業ではないことも開業のしやすさにつながっています。初期投資が少なくて、営業努力が売上げにつながる。その点で、不動産仲介業は一旗揚げたい人にぴったりの業種といえるかもしれません。

株式会社ＶＡＬＯＲ（バロー）の創業者、北折勝美社長も、夢をもって不動産仲介業で会社を立ち上げた一人でした。

北折社長は愛知県の出身で、現地の不動産仲介会社にお勤めでした。その会社が神奈川県横浜市に新たな支店を開設することになり、最初は一担当者として着任するために東上。見事、支店を軌道に乗せて責任者として抜擢されます。しかし、会社は成長拡大していくものの、北折社長ご自身が思い描く不動産仲介業のあるべき姿とは必ずしも合致しないことも出てきました。

もっともっとお客様目線でサービスを提供して喜んでもらうことで、自分たちの仕事にやりがいをもてる会社をつくりたい――。

その思いから北折社長は独立を決意して、賃貸物件を専門に仲介するＶＡＬＯＲを二〇〇二年に設立します。北折社長は現場からの叩き上げで、不動産オーナーから厚い信頼を得ていました。おかげでスタートダッシュにつまずくこともなく、独立後は順調に成長を続けました。

とはいえ、不動産仲介業界は群雄割拠。新陳代謝が激しい業界で事業を継続できた要因は、独自の販売チャネルにありました。

北折社長が目をつけたのは、横浜エリアにある大学生協です。各大学の生協に交渉して、学生に賃貸物件を直接紹介できるチャネルを構築しました。地方から上京する学生にリーチして、実績を積み上げていったのです。

VALORの売上げは約四億円で、業界のなかでも小規模のほうに分類されます。それでも横浜エリアで競合と互角に渡り合ってこられたのは、販売チャネルでうまく差別化ができていたからでしょう。

優秀な営業マンが育たない

堅実に利益を出し続けてきたVALORも、近年は成長が頭打ちになっていました。顧客が大手仲介会社に流れていき始めたからです。

不動産仲介業は、義理人情が比較的ききやすいビジネスです。だから資金力のない中堅・中小企業でも勝負ができました。

ただ、大手も指をくわえて見ていたわけではありません。大手は自社サイトを充実させてSEO対策を行っていたり、スーモやライフルホームズなどのサイトで検索上位に表示させるなど、集客力アップに資金を投下しています。集客力が高い会社に任せれば、空室率の改善につながります。大家さんにとって、収入が増えることほど魅力的なことはありません。

VALORでも、不動産の管理やアフターケアの手厚さでは大手仲介会社に引けをとらないサービスを提供しており、顧客満足度は非常に高かったのですが、空室率改善の差を目の当たりにして、「いままでよくしてもらっていたのに悪いね」と大手に乗り換えていく顧客が少しずつ増え始めました。

結局は入居率をいかに高められるかが、不動産オーナーに選ばれるかどうかの最大のポイントであることに変わりはないのです。コスト削減など経営努力で利益は出し続けていましたが、契約者数は頭打ちになっていました。

既存の顧客が多少は流出しても、それを上回るペースで新規を獲得していれば問題はありません。しかし、ここで人材の問題が立ちはだかります。北折社長は自身が叩き上げの営業マンでしたが、それに続く営業マンが育っていなかったのです。

一つには、教育制度の問題があります。

北折社長はどちらかというと昔気質の営業マンです。営業の技術はマニュアル化できるものではなく、経験を通して体で覚えていくものだという考えをもっていました。社員に営業を教えるとしても、手取り足取り教えるというスタイルではありません。親方が弟子に仕込むような厳しさをもって社員教育に臨みます。

かつては、このやり方が功を奏した時代もありました。しかし、最近の若手社員に対して同じ方針で臨んでも、相手は戸惑うばかりです。単に成長しないだけではなく、耐えかねて退職する社員があらわれたそうです。

これでは逆効果と考え、現場担当者の自主性に任せるようにしましたが、思うような結果を得ることができませんでした。

もう一つは、業界そのものの体質でした。

かつての北折社長がそうだったように、優秀でやる気のある社員は独立志向が強く、一人前になると顧客を引き連れて退職してしまうのです。

厳しく指導すれば、社員が辞めていく。社員が育っても、結局は辞めていく――これは不動産仲介業界でよく見られる現象ですが、ＶＡＬＯＲでも同じことが起きていました。

社員の離職率が高いと、優秀な営業マンを揃えることができません。優秀な営業マンがいなければ、不動産オーナーの新規開拓も伸び悩みます。人材の問題を解決できないまま、ＶＡＬＯＲは袋小路に入り込みつつありました。

〝上から目線〟の会社とは一緒にならない

このままでは成長に限界がくる。北折社長は以前から危機感を抱き、解決策として大手と組むことを視野に入れていたそうです。

一方で「Ｍ＆Ａは大企業間で行うもの。うちのような小さな会社は、どこも欲しがらないだろう」と他人事のように考えていた部分もありました。Ｍ＆Ａで打開を図るにしても、もう少し先の話だととらえていたのです。

いずれにしても一度は専門家の話を聞いてみようと、当社にご連絡いただいたのは二〇一四年の年末のことでした。北折社長は、日本Ｍ＆Ａセンターが中堅・中小企業のM＆Aに強いことを知って俄然やる気になり、さっそく当社も、VALORと組むのにふさわしいパートナー選びをスタートさせました。

パートナー選びを始めるにあたり、北折社長は半年の期限を設けて、それまでにすべてを終わらせると決意されました。通常は一年ほどかかることを考えると、異例のスピードです。

VALORが行うM＆Aは当然成長戦略型ですが、成長戦略型M＆Aで期限を設けるのは稀です。事業承継型M＆Aはオーナー経営者がご高齢やご病気であるケースもあり、急いで話をまとめてほしいと頼まれることが珍しくありません。一方、成長戦略型は仮にM＆Aが成立しなくても、すぐに会社が立ちいかなくなるわけではない。とはいえ、パートナー探しには時間やエネルギーをとられます。北折社長が期限を設けたのは、だらだらとパートナー探しを続けるなら、同じ時間やエネルギーを自分で経営するほうに使いたいと考えたからだそうです。

最初のパートナー候補リストは一〇〇社に及びました。そのなかから、規模が大きく安定性がある会社であること、社員がいままでどおり働けること、そして半年以内に話をまとめるくらいに本気であることといった条件で絞り込み、手があがった四社と具体的な話を詰めていったのです。

ある会社とはトップ面談までいきました。しかし、先方の経営者に〝上から目線〟を感じた北折社長はそれより先のステップには進まれませんでした。

M&Aの条件に「キーマン条項」を入れる

私の経験上も、買う側の経営者が〝上から目線〟になっている案件は、M&A成立後に苦労します。

トップの上から目線は現場にも伝わり、売った側の社員が肩身の狭い思いをします。売った側の社員が委縮するとシナジーが生まれにくく、M&Aの効果が半減してしまうのです。そのリスクを踏まえて断った北折社長は慧眼だったと思います。

逆に先方の経営者の誠意や熱意を感じたのが、不動産賃貸事業を営む株式会社AMBITION（アンビション）でした。

創業者の清水剛社長は、北折社長と同じく不動産会社のトップセールスマンとして活躍した後に自分の会社を立ち上げた方です。同じような苦労を味わってきただけにお互いに共感するところも大きかったのではないでしょうか。

ＡＭＢＩＴＩＯＮは自社でマンションを一棟丸々借り上げて、それをばらばらに貸借人に賃貸するユニークなビジネスモデルが特徴です。清水社長はこのビジネスモデルを「不動産のＳＰＡ」と名づけています。特徴的な戦略が時代にマッチしたのか急成長を遂げ、創業七年でマザーズに上場しています。

破竹の勢いの上場会社がＶＡＬＯＲに目をつけたのはエリア戦略でしょう。

ＡＭＢＩＴＩＯＮの店舗「ルームピア」一二店舗は、東京エリアが中心です。それに対して、ＶＡＬＯＲは横浜エリアに四店舗です。エリアが隣接しているのでお互いに補完関係にあり、それでいて食い合うことはありません。ＡＭＢＩＴＩＯＮにとっても理想的なパートナーでした。

とはいえ、Ｍ＆Ａ交渉にはいくつかの山がありました。もっとも難航したのは、「キーマン条項」を入れるかどうか。

Ｍ＆Ａで企業を買収しても、Ｍ＆Ａ成立後に幹部社員などのキーマンが辞めてしまえば、もぬけの空になった会社、つまり「空箱」を買うようなものです。これを防ぐために、キーマンが辞めたときに買い手側が受ける補償内容を契約に盛り込むことがあります。その条項をキーマン条項といいます。

ここで交渉の結果を明かすことは差し控えさせてください。ただ、キーマン条項を入れることにこだわったくらいですから、清水社長がＶＡＬＯＲの社員を大事に思っているということは間違いありません。北折社長も安心して契約にサインできたでしょう。

株式譲渡は二〇一五年七月一日に行われました。北折社長が初めに想定していたとおりのスケジュールでした。

これまで採れなかった新卒社員がやってきた

肝心の人材問題は、Ｍ＆Ａ後にどうなったでしょうか。

まず、上場企業の傘下に入ったことで採用力が高まりました。

ＶＡＬＯＲの社員数は約二〇人。離職率が高いために採用に積極的でしたが、新卒採用では学生に相手にされず、中途採用に頼らざるを得ない状況でした。

また、中途採用の募集をかけても、選り好みできるほど応募が殺到するわけではありませんでした。

しかし、上場会社と組んだことで社会的信用力がつき、採用にもいい効果があらわれました。いままでできなかった新卒採用を始めて、M&Aの翌年春には新卒社員がさっそく入社してきたのです。

教育研修制度も、いまの時代に即したものが整えられました。エリアは違ってもVALORとAMBITIONは同じ業種です。そのためAMBITIONの教育研修制度をそのままVALORでも活用できます。

効果が期待できるのは、社員のスキルアップだけではありません。AMBITIONには、優秀な営業マンを表彰する制度があります。これにVALORの社員も参加できるようになり、モチベーションが向上しているというのです。

VALORにも社内表彰制度はありました。しかし、社員二〇人の会社ではできることに限界があります。一方、AMBITIONはホテルのバンケットルームを借り切って大々的に表彰を行います。大勢の社員の前で表彰されることは働き甲斐にもつながります。これによって離職率も低下しているそうです。

人材育成が一朝一夕にはいかないことを考えると、VALORの社員が成長した姿を見せるまでには、まだしばらく時間が必要でしょう。それでも、M&A後約二年が経ち、成長の芽は見え始めているといいます。今後が非常に楽しみです。

人材面以外でもシナジーがありました。集客力のアップです。AMBITIONは物件検索ができる自社のITプラットフォームをもっています。そこにVALORの物件も掲載されて、部屋を借りたい人の目により多く留まるようになりました。

今後の期待が大きいのは、賃借人向けの少額短期保険です。少額短期保険は一般の損害保険と違い、少ない負担でコンパクトな補償を受けられます。賃貸では入居時に損害保険への加入を求められることがありますが、少額短期保険なら負担が少なくてすみます。

AMBITIONは少額短期保険を開発して賃借人向けに販売することを計画中で、その準備をするための子会社を二〇一六年に設立しました。二〇一七年中には販売が開始される見込みです。賃借人にとってはありがたい保険なので、販売されれば集客力アップに大きく貢献するはずです。

少額短期保険は金融商品の一種ですから、引き受けをするにはある程度の資金力、つまりリソースが必要です。もしVALORが少額短期保険を賃借人に提供しようと思っても、単独では不可能だったでしょう。大手と組んだことでサービスの幅も広がったのです。

株式譲渡後は家族との時間が増えた

北折社長は株式譲渡を機にリタイアされました。横浜で会社を経営する一方で、早く名古屋に帰って高齢のご両親の面倒を見たいという思いをずっと抱いていたそうです。社長を退いた翌月にはさっそく引っ越しをして、奥様も含めて、ご家族との時間を大切にしていらっしゃると聞いています。

売却した会社はM＆Aで成長軌道に乗って、社員もモチベーションを高めています。さらにオーナー経営者のご家族も笑顔になりました。じつにバランスのいい成長戦略型M＆Aだと思いませんか。

とはいえ、北折社長はまだ四〇代。人生の折り返し地点を過ぎたかどうかというところですから、完全にリタイアするのは早すぎます。ご本人もそのように感じているらしく、現在はこれまで忙しくてできなかった分野の勉強を始めて、次のビジネスを模索されているそうです。

受け身だった社員たちが主体的に動いて会社を牽引

◎株式会社向井珍味堂

低迷していた会社を、第二創業で復活させる

もともと事業承継を主な目的にＭ＆Ａを進めていたものの、Ｍ＆Ａを機に社員が目覚めて、結果的に会社を成長させた事例をご紹介しましょう。大阪の食品メーカー、株式会社向井珍味堂のケースです。

向井珍味堂の名前の由来は、「未来に向かって、珍しい、おいしい味のものをつくる会社」。「向井」は中尾敏彦社長のお父様と一緒に同社を創業された方の名字です。

先代社長は戦後の混とんとした時代に向井珍味堂を立ち上げました。取扱い商品は信号の三色で、赤（唐辛子）、黄（きな粉、ゴマ）、緑（青のり）です。とくに売れたのは、きな粉でした。終戦直後、国民にはお米の代用品として椰子粉（椰子の実の粉）が配給されていました。椰子粉は団子にして食べますが、そのままでは味気ないため、団子にかけるきな粉が飛ぶように売れたのです。

幼いころから家業を手伝ってきた中尾社長ですが、親の敷いたレールの上を歩くことに抵抗があり、大学卒業後は化学系の商社に就職します。しかし、出張で日本全国を飛び回る生活を続けるうちに考えが変わります。このまま組織のなかで使い潰されるくらいなら、自分で事業をやって討ち死にしたほうがマシではないか。そう考えて五年勤めた商社を辞めて、向井珍味堂に入社されます。

にもかかわらず、入社時、お父様にこう言われたそうです。

「きな粉は午後三時の産業や。その心は、日が暮れるだけで、もう昇ることはない」

実際、商売のほうは芳しくありませんでした。主な顧客は卸売市場の乾物問屋で、取扱量は年々減少傾向にありました。中尾社長は新たな販路の開拓を狙っていましたが、お父様は「余計なことをするな」と一喝。一九八四年の売上高五億円をピークに、会社は徐々に停滞期に入りました。

流れが変わったのは、お父様が病気で倒れた一九九五年です。中尾社長が実質的に会社の舵取りをすることになり、新商品を積極的に開発していきました（社長就任は一九九九年）。

たとえば金の炒りゴマはその一つ。金ゴマは白や黒に比べて高価で、加工食品には向かないと一般的には考えられてきました。しかし、あえて高級ゴマとして売り出したところ、その味が評判になり、年間一五〇〇万個売れるヒット商品になりました。

主力商品の一つである唐辛子も、ベトナムの企業に栽培ノウハウを伝えて生産をしてもらうなど、さまざまな改革を実施しました。いまではよく見かけるようになりましたが、当時は鷹の爪の形でしか販売されていなかった唐辛子を、輪切りにして売り出したのも、向井珍味堂が最初です。

こうした施策が当たって売上げは急伸し、二〇〇四年には創業以来最高の一一億円に達します。お父様が会社を立ち上げたときが第一創業なら、中尾社長が跡を継いで改革したのは第二創業といえるでしょう。

経営者と社員のテンションのズレ

第二創業で復活を遂げた向井珍味堂ですが、二〇〇四年をピークに壁にぶち当たり、再び停滞期を迎えてしまいます。

原因の一つは、社長と社員のテンションのズレです。

会社と社員、社長の動きはぴったり一致しているわけではありません。会社の売上げは、社員の頑張りによって伸びていきます。一方、社長のフトコロは、会社の利益が増えてようやく温かくなります。

第二創業でも、社員の頑張りが会社を牽引していきました。しかし、いったん軌道に乗ると社員はそれに満足して、現状維持を考えるようになります。ただ、最初から現状維持狙いでは、現状維持もままならずに苦戦を強いられます。向井珍味堂も同様で、社員の間に気の緩みが生じると、それに引きずられるようにして売上げが落ちていきました。

漫然としている社長ならば、会社の落ち込みと一緒に自分も停滞期に突入してしまうでしょう。しかし、中尾社長は違いました。第三創業の柱になる新しい事業のタネを仕込むべく、さまざまな取り組みを始めたのです。

とくに期待を寄せていたのは知的財産ビジネスです。

乾物の敵は、貯蔵中の穀類や乾燥食品を好んで発生するメイガなどの害虫です。中尾社長は消毒会社と組んで、その卵を低温ショックで処理する殺卵庫を新たに開発しました。

さらに、この技術で特許を取得、開発した技術を自社商品に使うだけでなく、他の食品メーカーの工場にも売り込んで新たな収益の柱にしようと目論んだのです。

新たな商品として、きな粉のロールケーキなどのスイーツも開発しました。地域フェアの直売会で試しに販売したところ、ロールケーキは一日で五〇本売れました。

しかし、結果的にこれらの取り組みは、事業の柱になるほどには育ちませんでした。中尾社長は将来に向けて新たな施策を次々に繰り出し、社員も一生懸命ついてきてくれていましたが、なかなか大きな実にならない。社員たちのモチベーションが徐々に下がったとしても無理はありません。

社員のテンションが低いままでは会社の成長もない。向井珍味堂が停滞期に入ったのは必然だったのではないでしょうか。

病気をきっかけに事業承継を決意

中尾社長は二〇代のころにお母様を亡くされています。また、お父様は病気が原因で介護が必要な状態でした。人間はいつまでも元気でいられない。その思いから、自分が社長になったときから事業承継を意識されていたそうです。

具体策の検討を始めたのは五六歳のとき。ご自身が病気を患って入院したことをきっかけにして、六〇歳までに誰かにバトンタッチすることを決断されました。

次期社長の選択肢は三つありました。一つ目は子どもです。しかし、一人っ子の娘さんに会社を継ぐつもりはなく、大学卒業後は別の会社に就職してしまいました。

二つ目は社員ですが、財務体質を強化して自己資本比率を高めたことで、結果的に、株式の評価額が高くなりすぎていました。古参の幹部社員たちに、個人で多額の借金させてまで株式を買い取らせるのは酷です。話をもちかけても、おそらく断られていたでしょう。

残された選択肢がM＆A、つまり第三者へのバトンタッチです。中尾社長は当社のセミナーに参加し、会社を引き受けてくれるパートナーを探し始めました。

パートナーの条件は三つありました。

一つ目は、向井珍味堂の経営理念である「ものづくりへのこだわり」を理解してくれること。二つ目は、社員と得意先、社名やブランドをそのまま引き継ぐこと。

そして三つ目は、懐の深さです。向井珍味堂がつくる食品の原料は、大豆や唐辛子や青のりです。相場によって仕入れ値が大きく変動するため、経営計画を立てにくいところがあります。そのことを理解し、対策を打つことができるパートナーでなければば、一緒にやっていくことは難しいと、中尾社長は考えていました。

私たちはこれらの条件に合った企業を数十社リストアップして、絞り込みの作業を始めました。そのなかでも向井珍味堂の買収に強い興味を示したのが、鹿児島県に本拠地を置く株式会社ヒガシマルでした。

ヒガシマルの事業は二本柱です。一つは飼料製造の水産事業で、養殖クルマエビの餌では国内ナンバーワンです。もう一つは、ラーメンやそばの即席麺・乾麺を中心とした食品事業。皿うどんをはじめ、西日本を中心にスーパーでよく見かける即席麺のブランド「ヒガシフーズ」は、ヒガシマルの登録商標です。

ヒガシマルは福岡証券取引所に上場しており、企業規模は小さくありません。しかし、国内の水産養殖産業は外国勢に押され気味で、飼料の需要の伸びはあまり期待できない状況でした。また、乾麺も価格競争に巻き込まれやすく、将来の展望は必ずしも明るいものではありませんでした。この状況を打開するために、同社の東紘一郎社長は買収による成長を模索していました。

第1章でご説明したように、業種の垣根が消えたいま、企業は従来の枠を飛び越えて多機能化するか、もしくはニッチ戦略でオンリーワンになるかという選択を迫られています。

ヒガシマルが選んだのはニッチ戦略です。食品分野に特化してM＆Aを進めて、揺るぎないポジションを築くことを目指していました。

買収の第一弾はコスモ食品株式会社です。コスモ食品は無添加・無着色の高級レトルトカレーをつくっていますが、これが知る人ぞ知る人気商品で、全国的にコアなファンをつかんでいる企業です。そして、第二弾として関心を寄せたのが向井珍味堂でした。

じつは向井珍味堂とヒガシマルのM＆A交渉は、いったん見送りになっていました。ヒガシマルはコスモ食品のM＆A後の統合プロセスの真っ只中で、新しいM＆Aに着手する余裕がありませんでした。そのため、向井珍味堂は興味を示した別の上場会社と話を進めることにしました。ところが、その企業は交渉がまとまる直前になって国内の買収より海外進出を優先する方針に転換。向井珍味堂とのM＆Aは白紙に戻ったのです。

経営環境は刻々と変化します。いったん手をあげてくれた相手とM＆Aを再開しようにも、相手はすでに心変わりしているかもしれません。

しかし、ヒガシマルの東社長は最初と変わらぬ熱意で向井珍味堂にラブコールをしてくれました。中尾社長がヒガシマルの工場の見学にいったときも、先方の幹部社員が丁寧に対応してくれたといいます。後に中尾社長は当社のセミナーで登壇して、「ハートにつながる縁を感じて、ヒガシマルさんとの交渉を進めることにした」と当時の心境を明かしてくれました。

交渉は順調に進み、無事、二〇一三年七月に株式譲渡の調印式が行われました。中尾社長は株式譲渡後も三年間、会長兼最高顧問として会社に残る契約でした。今回のＭ＆Ａは、事業承継が検討の出発点でしたから、株式譲渡を機にリタイアしてもよかったでしょう。ただ、特殊な原材料の仕入れやベトナムでの唐辛子の栽培指導など、簡単に引継ぎができない仕事もいくつかありました。それらを少しずつ新体制に移しながらフェードアウトしていく計画でした。

事業承継型Ｍ＆Ａの場合、譲渡側の社員はときに「社長に売られた」と受け止めてしまうことがあります。しかし、社員の雇用はそのまま維持すること、それをヒガシマルの東社長が足を運んで、直に社員の前で説明をしたこと、そして中尾社長が三年間残ると伝えたことで、社員のみなさんの動揺は最小限ですんだようです。

受け身だったプロパー社員が覚醒

中尾社長は当初、事業承継を念頭にM&Aの検討をスタートされたことから、ここまで事業承継に焦点を当てて向井珍味堂のケースをご紹介してきました。

しかし、結果的にこのM&Aによって、向井珍味堂は停滞期から抜け出してV字回復を成し遂げています。それは、パートナー選びにおいて、中尾社長が会社や社員の成長を重視していたからではないでしょうか。その意味で、事業承継を出発点とした成長戦略型M&Aといえる事例です。

なかでも注目したいのは社員の成長でした。

中尾社長は第三創業を目指して、新しい柱を打ちたてようとさまざまな施策にトライしていました。いうなれば社員に任せるより自ら積極的に動くタイプだったのです。社員もそれに甘えて、「わからなければ社長に判断してもらえばいい」と受け身の姿勢が目立つようになっていました。

しかし、中尾社長がトップから退いたことで、社員は自分で判断せざるを得なくなりました。すると、現場の空気がガラッと変わったそうです。受け身だった社員たちが、主体的に動くようになったのです。

新しい社長のメッセージも、社員の主体性を後押ししました。

新社長は、親会社のヒガシマルで営業部長を務めていた方です。組織のマネジメントや経営についてはエキスパートでしたが、向井珍味堂が取り扱っていた特殊な商品の世界について深い専門知識はありません。そのことを踏まえて、社員に次のように伝えました。

「専門知識は現場のみんなのほうが優れている。だから、キミたちのほうから新しい企画をどんどん提案してほしい。可能なかぎりオーケーするつもりだ」

新社長からお墨つきが出たことで、現場では活発な議論が交わされるようになりました。停滞気味だったモチベーションも向上しました。指示がなければ動かなかった社員も、自分から仕事をつくって動くようになったそうです。

とくに成長著しいのは、三人の若手社員です。

じつは社員へのバトンタッチを検討していたとき、中尾社長は将来有望な二〇～三〇代の若手三人と一緒に社員承継プログラムの研修を行っていました。結局、その研修の途中で中尾社長自身が病気で倒れたこともあってＭ＆Ａに舵を切ったのですが、できれば三人が育つまでじっくりと待ち、いずれそのなかの一人に会社を譲りたいと思っていたそうです。

その三人がＭ＆Ａの後、覚醒したかのように急成長を見せます。きな粉部門のリーダーだった一人は、仕入れや栽培のノウハウを中尾社長から引き継いで全体の工場長になりました。現社長にも評価されて、いまや取締役製造本部長です。あとの二人も、営業部長と業務の責任者になっています。

さらにその下の若手も育ちました。アルバイトから社員になったある若手は、工場のラインの見直しが必要になったとき、自ら手をあげて「やらせてほしい」と立候補してきました。その見直しには当初一五〇〇万円のコストがかかる見込みでした。しかし、その社員は創意工夫によって、コストをなんと数十万円に抑えることに成功したのです。その功績を買われて、製造部長に抜擢されています。

サラリーマン社長である現社長は、成長著しい若手たちに「次は、プロパーのキミたちが社長をやってくれればいい」と声をかけています。かつて中尾社長がバトンタッチを匂わせたところ、彼らは「いや、自分たちなんてとても……」という反応でした。しかし、いまは「はい、頑張ります」と、まんざらでもない様子。もはや受け身だったころの面影はありません。株式の引き受けが相当な重荷だったのだと思いますが、M&Aによって社員自らが意識を改革したことも事実です。

プロパー社員の成長に加え、親会社から出向してきた方々の貢献も見逃せません。ヒガシマルの社長が外部からスカウトしてきた元商社マンが入社して、営業力が格段に強化されました。また、コスモ食品の工場を見ていた品質管理のスペシャリストを大阪に呼び、向井珍味堂の品質管理を任せることになりました。

大企業のノウハウが注入されることでプロパー社員の方々も刺激を受けています。いい化学反応が起きて、さらなる成長につながりそうです。

仕入れや販売で想像以上のシナジーが生まれる

ヒガシマルと組んだ効果は、「価値創造」と「価値提供」、つまり商品をつくったり販売したりする場面でもあらわれています。

まず川上の仕入れ面です。向井珍味堂の商品は、大豆、唐辛子や青のりなど、相場の影響をダイレクトに受ける特殊な原料を使用しているため、これらを安定的に仕入れることができれば、経営はグッと安定します。

大豆については、これまで向井珍味堂単独で農家と直接契約して栽培してもらうことが困難でした。契約栽培してもらえるほどの量がないからです。しかし、ヒガシマルと共同で取り扱う量を加えれば、農家の方も話を聞いてくれます。現在、北海道と岩手の農家と契約を結び、安定した仕入れができるようになりました。

唐辛子の契約栽培でもシナジーがありました。唐辛子の栽培には特殊なノウハウが必要で、機械化ができないため手間もかかります。お米に比べると三倍くらい利益が出るのですが、高齢化が進んでいる農家にとっては、できればやりたくない作物の一つです。そのため契約農家探しに長年苦労していました。

しかし、ヒガシマルのおひざ元である鹿児島は農業が盛んな地域で、ヒガシマルの関係者にも農家をやっている方が大勢いました。そのツテで唐辛子を植えてもらえることになり、こちらも安定的な仕入れに目途が立っています。

さらに大きいのは青のりです。国産の青のりの漁獲量は年々減少しており、それに反比例して価格が上昇しています。とくに不作の年は生産価格が三倍くらいに跳ね上がるため、悩みの種になっていました。

そこで中尾社長が注目したのは、ヒガシマル傘下の水産養殖会社でした。同社の技術を使って青のりの養殖ができないかと考えたのです。目下、グループ内で研究開発を進めているところですが、うまくいけば不作問題の悩みからも解放されることでしょう。

では、川下の販売面はどうか。

向井珍味堂は大阪の会社であり、販売先であるスーパーも関西が中心でした。もちろん他の地域でも売りたいところですが、地域のスーパーあるいは全国区のスーパーに入り込んでいけるほどの営業力はありません。

しかし、九州に地盤をもつヒガシマルと組んだことで、九州地区のスーパーや問屋とも取引が始まりました。どことはいいませんが、向井珍味堂単独では門前払いだったスーパーも、ヒガシマルグループだと告げるとコロッと態度が変わったとか。それくらい地場の上場会社の社会的信用度は高いのです。もちろん、ヒガシマルは関東にも拠点があるので、関東地区での売上げも増えています。

また、同じグループのコスモ食品の商品は某高級スーパーで売られています。これまでは縁がありませんでしたが、現在は一緒に営業に行けるようになりました。

個々に販売先を紹介し合うだけでなく、食品系三社が集まることで食品系の展示会でブースを出展できるようにもなりました。向井珍味堂の商品はニッチすぎて、出展しても効果が薄いと思われていましたが、乾麺から高級カレーまで幅広く商品が揃ったことで、多くの関係者がブースに足を留めてくれたと聞いています。

向井珍味堂は二〇〇四年の売上げ一一億円をピークに停滞期に入り、株式譲渡前には売上げ八億円台まで落ち込んでいました。

しかし、M＆Aを実行することで悪い流れを断ち切りました。営業力が強化されて販売チャネルが増え、二〇一六年には約一〇億円まで戻しました。

まさにV字回復です。安定した仕入れが可能になって、利益も安定して出るようになっています。M＆Aが成長を呼び込んだのです。

社員と会社が成長するから安心してリタイアできる

M＆A後、中尾社長は会長兼最高顧問として三年間残りました。二〇一六年七月にその三年間が終わりましたが、現在は顧問という肩書でかかわりをもち、ときどき現場の相談に乗っているといいます。

中尾社長は現況をこう語ります。

「先日も得意先向けのセミナーの相談を受けました。ただ、相談に乗るといっても、昔のように私におんぶに抱っこではありません。いまは社員が自分で考えて率先して動くので、ほとんど何もしなくていい」

社員が主体的にイキイキと働く様子を見て安心したのでしょう。最近は会社に行く機会も減り、地域の中小企業のためボランティア活動に精を出したり、趣味のテニスやゴルフを楽しむ毎日だそうです。

先を見据えて事業承継対策をしても、その後に会社が傾いて社員が路頭に迷うようなことになれば、元オーナー経営者も心穏やかではいられません。社員と会社が成長してこそ、心置きなく第二の人生を楽しむことができるのではないでしょうか。

第4章

大手企業と組んで中間流通業から脱却

中間流通機能だけでは生き残れない

産業構造が変わって、メーカーならメーカー、小売なら小売というように自分の領域だけで勝負していればいい時代は終わりを告げました。今後のビジネスを勝ち抜きたければ、業種の枠を飛び越えて全方位的に多機能化していくことが重要です。

なかでも真っ先に強化が求められるのは「価値提供」、つまり市場と接点をもって価値を提供するマーケティングや営業の機能です。

価値提供機能が強化されれば、まず売上増が期待できます。さらに市場の最前線で顧客の声を集め、「価値情報」を通して新商品開発やサービス向上といった「価値創造」にまでフィードバックしていくことができます。

市場と接点のない企業は、価値提供機能をもつ企業と組む必要があります。市場と接点のある企業も、さらに市場に接近するためにM＆Aの活用をお勧めします。

価値提供と対極に位置する「価値創造」の機能も大切です。市場のニーズをつかんでいても、ニーズを満たすことができる付加価値の高い商品やサービスがなければ、販売機会を活かすことができません。

一方で、産業構造の変化のあおりを受けて存在価値が低下している機能もあります。中間流通です。

ものづくりの現場と市場に距離があった時代は、中間流通は大きな役割を担っていましたが、いまや業種の垣根が消え、一社で価値創造から価値提供まで行う時代です。間をつないでいた中間流通の存在意義はなくなります。

卸や商社は当然、この流れに危機感をもち、中間流通から脱却して、価値提供か価値創造のどちらかにシフトするか、その両方の機能を手に入れようとしています。

この章では、成長戦略型M&Aによって価値提供と価値創造の機能を強化した株式会社針谷鋼材と、株式会社ペリテックの事例を紹介します。

どちらも中間流通に近い会社ですが、川上・川下の企業と組むことによって産業構造の変化に対応しようとしています。マーケティングや販売機能、研究開発や生産機能を強化したいと考えているすべての企業の参考になるはずです。

専門商社からの脱皮と承継問題の解決を同時に果たす

◎株式会社針谷鋼材

東京オリンピック後を戦うために

ものづくりに欠かせない材料である鉄鋼は、製鉄所からメーカーの工場に届けられるまでに、いくつかの中間流通があります。

鉄鋼は、製鉄所から板や棒の状態で出荷され、それを一次加工会社が使いやすいように加工して、さらに二次加工会社がメーカーのニーズに合わせて加工し、工場などに届けます。これが一般的な流れです。

一九五八年に創業した栃木県栃木市の株式会社針谷鋼材は二次加工会社の一つです。加工して付加価値をつける「価値創造」の機能も有していますが、鋼材のユーザーである工場や建設会社に直接販売しているので、「価値提供」のポジションに寄った流通業と位置づけていいでしょう。

針谷哲也社長は二代目で、お父様から会社を引き継ぎました。取引先の工場や建設会社約二〇〇社のほとんどは栃木市の約五〇キロ圏内にあります。まさに地域に根ざした企業です。

強みは、建設会社だけでなくメーカーの工場と太いパイプがあること。建設会社に納入する鋼材は量は多いのですが、加工をあまり必要としないため、単価は安くなります。一方、メーカーに卸される鋼材は一社当たりの購入量は少ないものの、二次加工が必要なものが多く、利益率が高くなります。同社はこうした小口のメーカー工場との取引が多く、会社として高い利益率を誇っています。

多数のメーカーと取引できる背景には営業力があります。針谷社長は会社を継ぐ前、大手証券会社で営業を担当していました。当時はインターネット取引はなく、足で稼ぐ営業。そこで鍛えられた営業力を地元メーカーに対しても発揮したわけです。

流通業にとって悩みの種は余剰在庫です。顧客の注文に迅速に応じるためにはある程度の在庫をもたざるを得ませんが、それが過剰になればキャッシュフローが悪くなります。針谷社長は在庫管理を徹底させることによって、在庫水準を最小限に抑えていました。その点でも同社は優良な鉄鋼商社といえます。

針谷鋼材の経営は良好でしたが、針谷社長は成長戦略型M＆Aの検討を始めます。

好調な企業が思い切った策を検討する理由はどこにあったのでしょうか。

針谷社長が不安を抱いていたのは、二〇二〇年の東京オリンピック・パラリンピック後の会社の状況です。鉄鋼の需要は、建設業界を中心にしばらく堅調が予想されますが、その後は不透明です。同社の商材は鉄鋼のみです。鉄鋼の需要がなくなれば、その影響を思いきりかぶってしまいます。

もともと針谷社長は営業を得意とし、ほかに売れる商材があるなら、何でも売る自信がありました。しかし、針谷鋼材は売上高約五億円、社員数一ケタの中小企業。何を仕入れて売るにせよ、仕入れの取引条件で足元を見られることはわかっています。針谷社長は、オリンピック後を見据えて鉄鋼専業からの脱却を図りたくても、単独での仕入れは厳しいと考え、次の展開を模索していました。

当社に連絡をいただいたのは二〇一六年の春。このときは、別の商材を扱っている会社を買収することも視野に入れたご相談でした。

ただ、売上規模五億円では買収できる企業は限られてしまいます。そのため、当社担当者はご相談を受けたとき、買収よりも株式譲渡のほうが成長のチャンスが広がるとピンときたといいます。

株式譲渡をすれば、針谷社長が懸念していたもう一つの問題も解決できます。それは事業承継です。

針谷社長には二人の娘さんがいます。しかし、当時まだ一〇代で、仮にどちらかが会社を継ぐとしてもかなり先の話になります。そもそも継いでくれるのかもわからないし、継ぐ意思があったとしても、一〇年、二〇年後に会社が存続しているかどうかもわかりません。針谷社長はご相談当時四九歳とまだ若く、急いで事業承継する必要はありませんでしたが、後継者問題はずっと心に引っかかっていたそうです。

大手とパートナーを組めば、鉄鋼のみに頼る不安から脱却すると同時に、将来訪れる事業承継の問題も解決できます。当社の担当者とのやりとりのなかでそのことに気づかれた針谷社長は、株式譲渡のほうへ心が動いたようでした。

取扱い商品を増やしたい二社のマッチング

オーナー経営者が株式譲渡の検討を始める際、通常、当社では数十から一〇〇社に近いパートナー候補をピックアップして提示します。しかし、このときは違いました。担当者が針谷社長からご相談を受けたとき、すでにある会社のことが頭に浮かんでいたからです。

その会社は、新潟県長岡市に本社を置く株式会社シマキュウです。シマキュウは、工場向けに高圧ガスの卸を行っています。株式上場こそしていませんが、売上高一〇〇億円、従業員数約三〇〇人で、上場企業並みの規模をもっています。シマキュウが取り扱う高圧ガスは産業用で、工場向けという点で針谷鋼材と顧客層は同じです。

異なるのは、針谷鋼材の商材が鉄鋼という単一商品なのに対して、シマキュウはガスのほかにも工具などさまざまな商品を取り扱っている点です。

また、シマキュウが目指しているのは、工場向けのワンストップサービス。ガスが必要ならガスを届け、ネジが足りなくなればネジを売る。工場で必要なものを幅広く取り揃えており、工場関係者が困ったときにはシマキュウに連絡すればいいという独自のポジションを築きつつあります。

ちなみに、工場向けにワンストップサービスを展開している企業はほかにもあります。ただ、競合企業が取り扱うのは、インターネットで注文を受けてすぐ配送できる既製品が中心です。いわば、一般消費者向けのアスクルやアマゾンを工場用に展開したビジネスです。

それに対して、シマキュウが取り扱うのは高圧ガスや産業機器など、対面での対応が求められる商材が中心。手間はかかりますが、そのぶん付加価値が高く利益率も高い。競合とはうまく棲み分けができています。

これまでシマキュウは、ワンストップサービスの実現に向けて、工場向け製品を取り扱う企業を積極的に買収してきました。いずれの買収先においても、狙いは既製品よりも付加価値の高い特注品です。その点で、工場の要望に合わせて二次加工する必要のある鉄鋼は、ぜひ取り扱いたい商材の一つでした。

当社の担当者は、付加価値の高い商材をラインナップに加えたいというシマキュウのニーズをよく知っていました。一方、針谷鋼材も取扱い商品を増やしたいという思いをもっています。

取扱い商品を増やしたいと考える両社は、お互いの欲しいものを与え合うことができる理想的なカップル。そう考えた担当者は、複数のリストを出さずに最初から一社に絞ってM＆Aを進めました。

関連商品の提案営業で売上げを伸ばす

交渉は順調に進みました。シマキュウは過去にも同じような買収を行っており、M&Aで配慮しなければいけない点をよく知っています。交渉も慣れたもので、トラブルらしいトラブルはほぼありませんでした。

唯一注意が必要だったのは、針谷社長のお母様（先代社長の奥様）のご心情でした。お母様はすでに株式を息子に譲っており、針谷鋼材の株主ではありませんでしたが、創業期を支えた一人として、大手の傘下に入ることに難色を示されたのです。

これは気持ちの問題なので、理屈を並べて無理やり納得していただこうとしても逆効果になるおそれがあります。そこで、「売却」や「株式譲渡」という言葉は使わず、「資本提携」という言葉で経緯を説明していただきました。実質的には同じ意味合いですが、譲渡と提携では印象が異なります。最終的にお母様にもご納得いただき、二〇一六年一二月に株式譲渡契約が成立しました。針谷社長はM&A成立後も引き続き社長を務めていらっしゃいます。

M&Aが成立したばかりなので、シナジーはまだ数値としてあらわれていませんが、売上げは今後確実に増えるでしょう。

顧客が注文した商品を売るだけでなく、関連した商品を提案して売上げを積み増していく戦略を「クロスセル」といいます。針谷鋼材は今回のＭ＆Ａによって、シマキュウが取り扱っている商品によるクロスセルが可能になりました。たとえば、鋼材を納入している工場で何か部品が足りないと聞けば、「うちはこんな部品も扱っていますよ。次に一緒にもってきましょうか」と提案できます。

もともと営業力のある針谷社長にとって、取扱い商品の増加は望むところ。取引先からも大いに喜ばれているそうです。

これまで取り扱っていなかった商品でのクロスセル戦略をスタートするには、営業マンは新たに商品知識を身につけなくてはなりませんが、シマキュウの取扱い商品は多岐にわたるため、そのすべてをいきなり覚えることはできません。そこで現在は、シマキュウから営業マンを派遣してもらい、営業に同行してもらっているそうです。

シマキュウは針谷鋼材とのＭ＆Ａの前に、株式会社トウヨーネジというネジ商社を買収しています。Ｍ＆Ａの成立後、トウヨーネジでもシマキュウの取扱い商品のクロスセルを始め、その結果、売上げが伸びて従業員の給料も引き上げられたと聞いています。

オーナー経営者だけでなく、会社や社員も含めてみんなを笑顔にできるのが成長戦略型M&Aの特徴です。針谷鋼材でクロスセルの効果が出るのはこれからですが、トウヨーネジのときと同じような効果があらわれて、針谷社長をはじめみなさんが笑顔になれるのではないでしょうか。

買い手は価値創造と価値提供を強化

シマキュウ側から見たM&Aのシナジーについても、分析しておきましょう。

工場向けのワンストップサービスを目指すシマキュウにとって、商品ラインナップの充実は重要な意味をもちます。

もちろんクロスセルによる売上増は大いに期待できます。ただ、それ以上に大きいのはブランド価値の向上です。

「さすがはシマキュウ。鋼材まで扱っているのか」

顧客にこのように印象づけることができれば、それが同社へのロイヤルティー（忠誠心）を高めることにつながります。ロイヤルティーが高まれば、たとえ鋼材は買ってもらえなくても、長期的に売上げに貢献するでしょう。

また、エリア戦略としても効果がありました。

シマキュウの本拠地は新潟県で、東北の太平洋側を中心に支店や営業所を展開しています。多くの地方企業にとって、東京に進出して全国区になるのは目標の一つですが、シマキュウもいずれは南に事業エリアを広げて全国展開していくことを目指しています。

先ほど紹介したトウヨーネジは埼玉県にあります。同社を買収したのは、商材を増やすだけでなく、東京進出の足がかりにしたいという狙いもありました。

しかし、新潟・東北と埼玉の間には北関東があり、そこは空白地帯のままでした。物流を考えると、空白地帯を埋めておきたい。栃木県の地場企業である針谷鋼材は、シマキュウにとって空白地帯を埋める格好のピースでもあったのです。

このM&Aで、新潟・東北から埼玉までエリアがシームレスにつながりました。次の目標である東京エリアへの進出に向けて、準備万端整ったといえるでしょう。

シマキュウがその気になれば、単独で北関東に支店を出すこともできたはずです。しかし、地盤のない地域でゼロから顧客を開拓していくには時間がかかります。そのエリアの企業を傘下に入れれば、その企業の顧客を手に入れることができます。シマキュウは、M&Aによって新規開拓にかかる時間の短縮に成功しました。

シマキュウから見ると、商品のラインナップが増えるのは「価値創造」機能の強化といえます。そして、エリア戦略で顧客が増えるのは「価値提供」機能の強化です。つまりシマキュウは針谷鋼材のM&Aで、価値創造と価値提供――二つの価値の強化を実現したのです。

上場企業と組んで「価値創造」の機能を補完

◎株式会社ペリテック

技術力に強みをもつ機械系商社

株式会社ペリテックは、群馬県高崎市に本社を置く計測機器の開発会社です。ＥＣＵテスター（電源制御ユニット）をはじめとする自動車関連試験機器を中心に取り扱っています。

ＥＣＵテスターは、自動車の電子制御部分のテストに使われます。いまや自動車は〝走るコンピュータ〟。車種によっては一〇〇個のマイクロコンピュータが搭載されており、メーカーはＥＣＵテスターを使ってそれらの電子回路が正常に動くかどうかを検査します。

ペリテックは、計測機器の世界的メーカーであるナショナルインスツルメンツの日本法人と代理店契約を結んでいます。ナショナルインスツルメンツと提携している代理店は日本に複数ありますが、最高ランクの「セレクトアライアンスパートナー」に認定されているのはペリテック一社だけです。

代理店といっても、単にナショナルインスツルメンツ社製のテスターを仕入れて販売するだけではありません。テスターは、テストする製品によって一つひとつ中身のシステムが異なります。テスターを使えるようにするには、顧客に合わせて製品を組み上げ、システムを開発する必要があります。ペリテックは販売代理店であると同時に、システム開発会社でもあるのです。

システム開発によって機械に付加価値をつけて売るビジネスモデルなので、「価値創造」機能に軸足を置いています。その意味では、開発会社というより、開発・製造ができる技術商社ともいえるかもしれません。

技術に強みをもつのは、創業者の平豊社長が筋金入りの技術者だからでしょう。

平社長はもともと家電メーカーの協力会社でテスターの設計を担当していました。あるとき、友人から製品開発のアルバイトを頼まれ、データロガー（センサーによって計測・収集したデータを保存する装置）をつくったところ、報酬として二五〇万円が振り込まれました。それをきっかけに一九八五年、三五歳のときペリテックを創業されました。

独立後、平社長は技術者として多様な商品の開発を手がけます。なかには地震計のようなユニークな商品もあったそうです。

社員として採用するのも技術者が中心。株式譲渡前の社員数は三〇人弱でしたが、事務スタッフ三人以外は全員、技術者でした。

技術者の育成にも熱心です。

ナショナルインスツルメンツには認定プログラマー制度があります。この認定資格を有することで、開発者やエンジニア個人のスキルアップと、企業にとっての競争優位性や投資対効果の向上が可能になります。そして、日本でもっとも多くの認定者を抱えているのがペリテックです。まさに優れた技術者集団であり、人材への投資を惜しまない会社といえるでしょう。

技術偏重の結果、営業力に課題が

平社長は技術志向が強く、とにかくいい製品をつくることを最優先に考えていました。それがペリテックの競争力の源泉になっていたことに間違いはありません。とはいえ、技術力強化に注力する一方で、営業がなおざりになっていたことは否めませんでした。

創業からしばらくは機械がほとんど売れず、売上げが八万円という月もありました。売上げがなければ、社長の給料を減らすしかありません。

ご長男が小学一年生のころの話です。学校からおなかを空かせて帰ってきて、夕飯まで待ちきれず、食べるものを求めて家の中を探索。救急箱の中にあった虫下し用のチョコレートを見つけて食べてしまったこともあったそうです。

その後、大手企業の元営業マンを雇うなどして営業のテコ入れをしたところ、売上げは少しずつ増えていきました。

そうとはいえ、平社長は根底で「いいものをつくれば、おのずと売れる」という考えをもっていたので、営業力の強化に本腰を入れるところまではいきませんでした。予実管理はいわゆるザルで、ほぼ成り行きまかせ。売上げは市場環境に左右され、増収と減収を繰り返す不安定な状態が続いていました。

ペリテックの課題が営業力の不足にあることは明白でした。他社と差別化できる高い技術力をもちながら、営業力が弱いために強みを活かしきれていなかったのです。

子どもには会社を継がせない

営業力に課題があるということは、裏を返すと、営業力のある会社と組めば成長する可能性があるということです。

しかし、平社長が当社とコンタクトをとったきっかけはほかにありました。平社長には三人のご子息がいますが、会社を継がせるつもりはなく、ペリテックに入社させることもしませんでした。理由は、世襲だと社員のモチベーションが下がるから。優秀なら誰でも社長になれるチャンスのある会社が、平社長にとっての理想だったのです。

将来は社員のなかから社長を出したい。そのつもりで三〇～四〇代の社員四人に目をかけて重点的に育ててきました。とはいえ、株式の買収費用を考えると、社員に直に株式を譲渡するのは困難です。社員も多額の借金を背負ってまで社長を引き受けようとは考えないでしょう。

資本と経営を分離するために、一時は株式上場も検討しました。しかし、審査基準のハードルが高く断念されたそうです。

悩んでいた平社長にM＆Aのことを教えたのは顧問税理士でした。

「M＆Aで大手に株式を引き受けてもらい、その間に社員を育てる方法もある。事業承継のことなら、日本M＆Aセンターに相談するといい」

税理士の紹介を受けて、平社長が当社に連絡をくださったのは二〇一一年のこと。

こうした経緯からわかるように、最初は成長戦略型ではなく事業承継型M＆Aのご相談でした。

パートナーに求める四つの条件

パートナー探しにあたって、平社長が出した条件は四つありました。

まず一つ目は、平社長が社長の職を一定期間続け、次期社長になる幹部社員の育成のための時間と機会を与えてもらうこと。

これは難しい条件ではありません。赤字企業なら経営陣を刷新してテコ入れする必要がありますが、利益の出ている会社であれば、そのまま現経営陣に経営してもらったほうが買い手企業も助かります。

ペリテックは二〇〇八年のリーマンショック後に赤字に陥っていましたが、財務状態は健全です。担当者が企業評価を行ったところ、余剰な保険の解約など、いくつかのコスト改善を行えばＰＬ（損益計算書）を黒字化できることもわかりました。黒字化できるなら、社長継続を認めてくれる会社はごまんとあります。

二つ目の条件は、独立性を維持することでした。

事業会社に買収された場合、その事業会社のための技術開発を求められる可能性もあります。それがよいシナジーを生むこともありますが、自身が技術者でもある平社長は、何の縛りもない状態で開発を続けることにこだわっていました。

三つ目は、上場会社であること。一般的に上場会社は非公開会社より、規模、経営の透明性、社会的な信用度などの面で上回っています。平社長はＩＰＯを検討して断念した経験があり、審査基準を満たすことがどれだけ大変なことかよくご存じでした。厳しいハードルをクリアした企業なら、会社を譲るに値すると考えたようです。

そして四つ目の条件が、技術力と営業力が強いことでした。

平社長がＭ＆Ａを検討し始めたきっかけは事業承継でした。しかし、担当者から説明を受けるうちに、じつはＭ＆Ａが成長戦略を実現する手段にもなることに気づき、シナジーが出る企業と組むことを条件にされたのです。

営業力に課題があったペリテックが、パートナー企業の条件に営業力を求めるのはよくわかります。では、技術力があることを条件にしたのはどうしてか。

ペリテックはもともと自前で高い技術力を有しており、M&Aで補完する必要は薄いはずです。にもかかわらず技術力を条件にしたのは、扱っている商品の専門性が高く、売るためには技術のことがわかるパートナーが必要と判断したからでしょう。

M&Aが成立すれば、お互いの取扱い商品をクロスセルで販売することもありえます。そのとき「技術がわからないから売れなかった」では困ります。技術という共通の土台があってこそシナジーも出ると考えたのです。

ペリテックがパートナー探しを始めた二〇一一年当時は、M&Aというのは後継者がいない企業が事業承継のために泣く泣く行うものというイメージがまだ色濃く残っていました。いまでこそ平社長と同じような条件を出してパートナー探しをするオーナー経営者は少なくありませんが、当時としては先進的だったと記憶しています。

共通する販路に異なる商品を投入

平社長がこだわった四つの条件でパートナー候補をリストアップして、実際に打診したところ、二社から「ぜひ一緒にやりたい」という声がかかりました。どちらも申し分のないパートナー候補でしたが、より積極的にラブコールを送ってくれたテクノアルファ株式会社に平社長の気持ちは傾いていきました。

テクノアルファは、半導体製造装置や電子材料の専門商社で、主な顧客は自動車メーカーです。基板と基板の間の配線をつなぐボンディングマシーンという特殊な装置がありますが、その装置をつくる海外メーカーと代理店契約を結び、大手自動車メーカーや半導体メーカーを中心に販売しています。

テクノアルファは、平社長が出した四つの条件をすべて満たしていました。

一つ目の幹部社員育成のための時間と機会については、三年間の社長継続をテクノアルファも望んでいました。二つ目の独立性についても問題はなし。どちらも主な顧客は自動車メーカーですが、どこかの系列に属しているわけではなく、縛りはありません。また、ＪＡＳＤＡＱに上場しているので、三つ目の条件もクリアです。

技術力と営業力も、平社長にとって魅力的なものでした。

じつはテクノアルファの営業マンは営業専任ではありません。営業マン自身が海外の展示会まで出かけて商品を見つけ、その仕入れから販売、メンテナンスまで一気通貫で行います。社員数は約四〇人と上場会社にしては少ないのですが、それは一人が何役もこなすマルチタスク体制だからです。同社の営業マンたちは技術のことをよく理解しているし、英語も話せます。個々の能力が高いので、少数精鋭でやっていけるのです。このマルチタスク体制がうまく機能しており、テクノアルファは会社としても高い営業力と技術力を誇っています。四つ目の条件も十分にクリアです。

一方、ペリテックの株式譲受に手をあげたテクノアルファ側の事情はどうだったのでしょうか。

テクノアルファがメインで扱うボンディングマシーンは特殊な装置であり、収益性は高いのですが、市場はニッチで小さめ。他のメーカーに横展開するのは限界があります。さらなる成長を目指すには、新しい商材の獲得や販路の拡大が必要でした。ただ、ゼロから新たに事業をつくっていくと、どうしても時間がかかります。そこでM&Aを成長戦略の柱にして、シナジーの見込める企業の買収を進めました。

最初に買ったのは輸出商社でした。テクノアルファは輸入商社ですが、海外に目を向ければ販路はもっと広がるはず。そう判断しての買収だったそうです。もう一社は、大学や研究機関を顧客にもつ商社です。この買収によって、これまでアプローチしていなかった大学や研究機関にもパイプができました。

そして三社目の候補がペリテックでした。どちらも主な顧客が自動車メーカーや半導体メーカーなので販路は重なっていますが、取扱い商品が異なるため、買収すればグループとして成長できます。

お互いの思惑が合致して、M＆A交渉はトントン拍子で進みました。早く進みすぎて、「こんなに順調に決まっていいのだろうか」と平社長が不安になってしまったほどです。しかし、二度にわたるトップ会談やショールーム見学などで、目指す方向性が同じであることを確認。二〇一一年九月に株式譲渡が行われました。

共同開発した新製品を中国で販売

さて、M＆Aのシナジーはどうだったのでしょうか。

課題の営業面では、テクノアルファならではの提案力が活かされました。ペリテックとテクノアルファは、中国の半導体メーカー向けにテスターを共同開発。その開発には国の補助金がつき、新製品を中国のメーカーに販売しています。

ペリテック単独では、そもそも海外に売りにいくという発想はもてなかったでしょう。また、テクノアルファにも、単独で新商品を開発するほどの技術力はありませんでした。まさに両社が足りないところ——ペリテックにとっては、「価値提供」の機能、テクノアルファにとっては「価値創造」の機能——を補い合って新たな顧客を獲得したのです。

営業面以外のシナジーも見逃せません。

劇的に変わったのは、経営管理の精度です。これまでペリテックは、予実管理に甘いところがありました。平社長は技術への関心が強いものの、経営数値については執着が薄く、それが経営管理の甘さにもつながっていました。M&Aで必須のプロセスであるデューデリジェンスでも、帳簿と実態のズレが散見されたほどです。

しかし、上場会社に連結されるようになれば、これまでのようなどんぶり勘定は許されません。決算でも、親会社と同じ精度や同じスピードが求められます。いまや中小企業に見られがちな甘さは見られなくなりました。

技術一辺倒だった平社長の意識も変わりました。じつは今回のM&Aで、平社長は親会社の株式を取得しています。平社長は持株比率第一〇位くらいの株主になったのです。

平社長を親会社の株主に加えたのは、テクノアルファ側の要請でした。平社長は社長としてペリテックに三年間残る契約でしたが、株式をすべて譲渡すると、ペリテックの経営を改善させるインセンティブがなくなり、途中で情熱を失ってしまうおそれもあります。モチベーションをキープしてもらうために、親会社の株主として同じ船に乗ってもらうことにしたわけです。

そうした経緯から、平社長は株主として親会社の経営にも目を配るようになりました。三年後にペリテックの社長を退任して会長になりましたが、同時に親会社の取締役に就任。いまではテクノアルファの経営陣の一人としても活躍しています。

それまで平社長はどちらかというと現場主義で、技術者の目線になりがちでした。しかし、親会社の株主や役員になったことで、より高いところから事業をとらえておられるようです。もともと現場のことをよく知っている経営者に広い視野が加われば、これほど心強いことはありません。私ごときが申し上げるのは大変失礼ですが、平社長は経営者として数段パワーアップされたと思います。

上が変われば、下も変わります。次期社長にしたいと目論んでいた幹部社員も、M&Aを機に大きく成長しました。厳しい経営管理が求められるようになったこと、平社長の負担が減って後継者育成に注力できたこと、そして平社長自身が経営者として一つ上のステージに上がったことによって、幹部社員たちも引き上げられて能力を開花させたのです。

平社長が会長に退いたときに、新たに社長になったのはプロパーの幹部社員の一人でした。平社長は最初から次期社長は幹部から選ぶ心づもりでしたが、実際に幹部社員が経営者としてふさわしい実力を身につけ、親会社がその実力を認めなければ、社員のなかから社長を出すことはできなかったでしょう。

現在、ペリテックは黒字化を果たして順調に成長を続けています。親会社の業績への貢献度も、買収した他の二社より上です。営業力の強化で業績を伸ばしつつ、理想としてきた事業承継も実現する。平社長は自身がリタイアしてなお、ペリテックが成長する姿に喜んでおられます。

第5章
ファンドを活用したM&Aで会社を成長させる

ファンドへの株式譲渡はローリスク・ミドルリターン

監査法人などが発表している調査結果では、日本のM&Aの成功率は約三割とされています。この調査対象の多くは大企業ですから、中堅・中小企業の実情とは異なりますが、株式を譲渡した会社の売上げや利益が伸びたケースは、同様に三割程度と思われます。ただし、事業承継問題を解決した点では残りの七割も成功といえます。

では、成長した会社の割合が三割にとどまっている要因は何でしょうか。

一つは、まだ事業承継型M&Aが主流であることです。この場合、会社の存続や社員の継続雇用、経営者のハッピーリタイアに重点が置かれ、会社の成長は後回しにされがちです。もう一つは、事業会社への株式譲渡が多いためと考えられます。事業会社は必ずしも合理的な理由だけでM&Aに乗り出すわけではありません。

「短期的に売上げや利益を増やして会社の見栄えをよくしたい」

「(担当者が)社長に出世するために、M&Aの実績をつくって箔をつけたい」

「競合他社に買収されるくらいなら、当社で買収しよう」

こうした背景のあるＭ＆Ａは合併による事業シナジーを練っていないことも多く、結果的に成長につながらないケースが散見されます。それがＭ＆Ａの成功率を押し下げているのです。事業会社への株式譲渡は、成功すれば大きな事業シナジーが得られますが、Ｍ＆Ａの経験が十分でなかったり、戦略性が薄いケースでは、成長を期待して事業会社に譲渡するのはハイリスク・ハイリターンとなってしまいます。

一方、ファンドへの株式譲渡はローリスク・ミドルリターンといえます。

ファンドは事業を行っていないため、一緒に組んでも直接的なシナジーは得られませんが、ファンドはＭ＆Ａのスペシャリストであり、買収先を成長させて高く売ることを使命としています。Ｍ＆Ａ後の会社は、否が応でも成長させられるのです。ファンドへの株式譲渡は、日本ではまだ馴染みの薄いかもしれませんが、成長を重視するなら、ぜひ選択肢の一つに加えていただきたいと思います。

この章では、ファンドへ株式を譲渡した株式会社クニ・ケミカルと、ファンドと同じように投資育成機能をもつコンサルティング会社へ株式譲渡した天竜精機株式会社の事例をご紹介します。ぜひ参考にしてください。

ファンドに売却後、新社長のもとで成長が加速
◎株式会社クニ・ケミカル

〝従業員三〇人の壁〟を乗り越えるために

成長を目指す企業にはいくつもの難関が立ちはだかりますが、なかでも大きいのは〝従業員三〇人の壁〟ではないでしょうか。

従業員が三〇人程度までであれば、経営者が先頭に立って統率できます。しかし、それ以上の人数になると隅々まで目が届かなくなり、勢いだけで引っ張っていこうとすると組織が空中分解を起こしかねません。

従業員三〇人の壁を乗り越えて成長を続けるには、リーダー自身が組織マネジメント能力を磨き、同時にミドルマネジャーを育成していく必要があります。ところが現実には、多くの中堅・中小企業がここでつまずいて、従業員三〇～五〇人で足踏みしています。

株式会社クニ・ケミカルの上田力也社長が懸念していたのも、従業員三〇人の壁で

した。上田社長は塗料会社で経験を積んだ後、一九九七年に大阪で創業して、ＦＲＰ（繊維強化プラスチック）資材やＧＲＣ（ガラス繊維補強セメント）資材など、業務用化学品の卸事業を始めました。

創業から二〇年弱で、クニ・ケミカルは売上げ約二〇億円の会社に成長します。競合となる化学品商社はたくさんありましたが、ほとんどが特定分野の材料しか取り扱いません。そこでクニ・ケミカルは材料を幅広く取り扱うことでワンストップサービスを実現し、小さいながらも顧客であるメーカーに重宝されて、着実に事業を拡大させていきました。

人材も豊富でした。商品を幅広く取り扱っているため、営業担当にはそれに応じた商品知識が求められます。上田社長は若手社員三人を鍛え上げて、東日本、中日本、西日本の各拠点のマネジャーに。営業部門はその三人に任せておけば大丈夫という体制をつくり上げていました。

ただ、その先が見えてこない。上田社長はいずれクニ・ケミカルを上場させたいというビジョンをもっていました。そのためには、財務や経営企画ができる人材を育て、社内管理体制を整えていかなければなりません。しかし、従業員のなかに、ふさわしい人材は見当たりませんでした。

上田社長自身、従業員三〇人、売上高二〇億円から先のマネジメントについては不安をもっていたそうです。このまま自分がトップにいて、本当に上場を目指せる会社に育つのか。上田社長が日本M&Aセンターと出会ったのは、会社の将来にそのような疑問をもち始めたころでした。

ファンドの一〇〇%出資会社に

当社がクニ・ケミカルにアプローチしたのは、証券会社からの紹介がきっかけでした。当時、クニ・ケミカルには各方面から「この会社を買ってほしい」という提案が殺到していたと聞いています。証券会社もクニ・ケミカルに対して買収の提案をしたいと、当社に連絡をしてきました。

ところが、直接話をうかがいにいくと、上田社長の反応は薄いものでした。ヒアリングをしているうちにピンときた担当者は、企業を買うのではなく、自社を売って成長させる戦略を提案。すると、上田社長は「じつは自分も株式譲渡することを考えていた」とおっしゃったのです。こうしてクニ・ケミカルのパートナー探しが二〇一四年にスタートしました。

上田社長が当初念頭に置いていたパートナーは、同じ化学品業界の事業会社です。同じ業界なら組んだときのシナジーが想像しやすいからでしょう。

ただ、買い手探しは難航しました。買い手候補は何社か手があがりましたが、同業界だけに上田社長の見方もシビアです。結局、期待する条件に合った相手は見つからず、成約には至りませんでした。

そこで浮上したのがファンドへの売却です。

最初は、上田社長はファンドを相手とすることに難色を示されていました。いわゆる〝ハゲタカ〟のイメージが強く、Ｍ＆Ａをした途端に社員がリストラされるなどして、会社を引っ掻き回されるのではないかと危惧していたのです。しかし、その誤解は、事業会社が買うときと同じく社員の雇用は確保され、社名も変更しないなど、丁寧に説明することでほどなく解けていきました。

約二〇社のファンドに打診したところ、そのうち二社が強い興味を示しました。一社は、日本プライベートエクイティ株式会社（以下、ＪＰＥ）。ＪＰＥは事業承継型Ｍ＆Ａを中心に行ってきたファンドですが、時代の変化を見据え、まさに成長戦略型の案件を増やしていこうとしていたところでした。

もう一社は、経営危機に陥った会社や不調の会社を買収し、立て直しを行う事業再生型のＭ＆Ａを多く手がけるファンドです。こちらも実績は申し分ありません。とはいえクニ・ケミカルの業績は好調。そのため、上田社長としては事業再生型という点にミスマッチの印象をもったようです。

トップ面談は二社と行いましたが、その内容は大きく異なっていました。事業再生型のファンドは、過去から現在までのヒアリングが中心でした、一方、ＪＰＥは「一緒に成長していきましょう」と、将来の展望を強く語りました。成長戦略のために株式譲渡を検討していた上田社長がパートナーに選んだのは、将来のビジョンを見せてくれたＪＰＥでした。

諸条件の折り合いもついて、二〇一五年一二月に最終契約を締結。クニ・ケミカルは二〇一六年一月より、ＪＰＥの運営するファンドが一〇〇％出資する会社となったのです。

十数名の候補から新社長を人選

クニ・ケミカルの本社は大阪です。東日本は関東に営業拠点はあるものの、新規開拓のためのリソースは手薄でした。上田社長はＭ＆Ａ成立後に会長職になることを希望しており、新社長には東日本に土地勘のある人材を熱望されていました。ＪＰＥも東日本を強化する戦略に異論はなく、条件に合致する候補者を各方面から十数名選び、面接を行ったそうです。

最終的にヘッドハンティングすることになったのは、大手商社で営業部長を務めていた人物です。東京に本社のある商社でしたが、ご本人はクニ・ケミカルの本社のある大阪出身の方で、まさに理想の人材です。新社長就任後は、東日本に新たに二カ所の拠点をつくっています。

事業会社と組んだＭ＆Ａでは、人材は親会社グループのなかから派遣されるケースがほとんどです。一方、ファンドは各方面に顔がきき、豊かな人材リソースをもっています。そのなかから最適な人物をアサイン（任命）できるのは、ファンドの強みの一つといえるでしょう。

Ｍ＆Ａの翌年、クニ・ケミカルの売上げは一〇％伸びました。これまでも順調に成長していましたが、ファンドと組んだことでさらに成長が加速しています。

上田社長は会長職を経て、二〇一七年八月に退職。現在は株式譲渡で得た資金を元手に、将来有望な企業への出資、育成を行っています。いわば、上田社長自身が経営者からファンド運営に転身したような形です。

ファンドと組んだクニ・ケミカルが成長し、上田社長の支援を受ける企業もまた成長していく。このようにして成長の連鎖が起これば、日本の経済も底上げされていくに違いありません。

コンサル会社への事業承継で売上げ一・三倍の成長を果たす

◎天竜精機株式会社

事業承継の苦労を子どもにさせないために

天竜精機株式会社の芦部喜一社長が事業承継のことを考え始めたのは、四七歳で社長に就任してまもなくのことです。健康の不安があったわけではありません。にもかかわらず事業承継を意識したのは、芦部社長ご自身が会社を継いだときのご苦労からでした。

天竜精機の創業は一九五九年。芦部社長の祖父は、長野県駒ケ根市の初代市長を務めた芦部啓太郎氏。当時、地元にオーディオメーカーがあり、地域に下請けがないと工場の存続が難しく、雇用が守られなくなるという状況でした。そのため、市長自らが下請けの会社を設立。それが天竜精機のルーツです。

自社ブランドでさまざまな産業機械をつくるようになったのは、二代目のお父様の代になってからです。下請けから脱却してメーカーとして成長するためでした。

積極的に新しい機械を開発した結果、つくる機械の種類が増えすぎ、経営資源が分散してしまった時期もありました。資本をある程度集中させないと事業を成長させることは困難です。そこで、コネクター（スマートフォンなどに使われる電子部品）の自動組立機と、クリームハンダ印刷機（ハンダづけの機械）の二種類に製品を絞り込むことに。この選択と集中が狙いどおりの効果をあげ、会社は売上高約二〇億円、従業員約一〇〇人の規模にまで成長しました。

芦部社長は、大学卒業後大手自動車メーカーに入社して、エンジニアとして忙しい毎日を送っていました。

ところが、二〇〇五年にお父様が突然亡くなって運命が大きく変わり始めます。

芦部社長は三人兄弟の長男。兄弟の誰かが事業を継がなくてはいけないという点では一致しましたが、三人とも後継に積極的ではありませんでした。協議を重ねた結果、仕方なく芦部社長が株式をすべて引き受けて継ぐことになったのです。

芦部社長が乗り気でなかった理由は三つあります。

一つ目は、営業の経験がなかったこと。エンジニア一筋でやってきたため、営業面で適切な判断ができるかどうか不安でした。

二つ目は、家族の反応です。奥様や娘さん四人は「いまの会社は知ってるけど、天竜精機なんて知らない」と大反対。住み慣れた町から長野県に引っ越さなければならないことも反対の理由の一つになっていました。

三つ目がお金の問題。お父様のもつ株式をすべて相続すれば、莫大な額の相続税がかかります。大手自動車メーカー勤務とはいえ、サラリーマンに支払える額ではありません。実際、相続して一〇カ月後の相続税の支払いでは苦労されたそうです。

それればかりではありません。会社を継げば、会社の借金に個人保証を求められます。その額は八億円。一気に多額の借金を背負うことになり、心穏やかではいられなかったでしょう。

さて、家族の反対を押し切り、借金を背負う覚悟をしてまで社長になるのだから、社員たちはもろ手をあげて歓迎してくれるものだと芦部社長は考えていました。

しかし、いざ社長になってみると、社員は「大手自動車メーカーで活躍？　お手並み拝見といきましょうか」という態度。会社を継ぐことを見据えて早い段階から入社していれば違ったのかもしれませんが、新社長がいきなり外からやってきたことで、冷ややかな反応になったようです。

苦労して事業承継したのに、ひどい仕打ちを受けるのか——。

「突然の事業承継は、精神的にも金銭的にも大変だ。自分の娘たちに会社を継がせるなら、早い段階から準備をして計画的に進めたほうがいい」

そう考えて、社長になってすぐに事業承継の情報収集を始めたのです。

売上げは伸ばしたが事業欲がない

事業承継を検討する一方で、天竜精機の組織改革にも力を入れました。

当時の天竜精機は利益をしっかり出していて、業績は好調。仕事を断っていたほどでした。しかし、仕事を断るのは、それだけ販売機会をロスしているということに他なりません。社内の体制を整えて生産性を高めれば、もっと売上げを伸ばせると、芦部社長は考えました。

生産性を下げている原因の一つは、セクショナリズムでした。営業と製造の仲があまりよくなく、製造サイドでも設計と工場で意思の疎通ができていなくて仕事が止まることもあったそうです。会って話せばすぐ解決するような問題も、コミュニケーション不足から放置されがちで、納期の遅れにつながっていました。

コミュニケーション不足は管理職と現場の間でも起きていました。部課長職は現場にほとんど足を運ばずに、部下たちに任せきり。管理職まで情報があがってこないので、現場での「部分最適」はできていても、部署間での連携ができず、「全体最適」が置き去りにされていました。

現場は全体が見えていないため、「自分たちのやっているのはとるに足らない仕事」と受け止めていたこともあったようです。自らの仕事に誇りをもてなければ仕事へのモチベーションも高まりません。これも生産性を落としている原因の一つでした。

そうとはいえ、生産設備は整っていて、技術も継承されています。生産性を高めるには、組織や個人にフォーカスするしかありません。そこで芦部社長は「組織はノリノリ、人はイキイキ」を掲げてさまざまな改革を実行に移していきました。

具体的には、自動車メーカーで学んだ手法を導入し、進捗を「見える化」することで情報を共有しやすくしたり、管理職である部課長職を「支援職」という名称に変えて、現場をサポートするための意識づけをしたりしました。

会社の見学者や就職活動をしている学生に対して、現場の社員が直接説明する機会もつくりました。人に説明しなければならなくなると、自分たちの仕事の意義について深く考えるようになります。その結果、現場の社員にも会社全体が見えるようになったと、芦部社長は言います。

こうした取り組みが実を結び、社内が活性化したことで、売上げは順調に伸びていきました。リーマンショックのあとには、苦戦した時期もありましたが、すぐにV字回復しています。

問題は、次の展開でした。天竜精機の二本柱は、コネクターの自動組立機とクリームハンダ印刷機。さらに成長を目指すには、第三の柱が必要です。ところが芦部社長自身、新規事業の開発に興味をもてなかったのです。芦部社長は本音をこう語っていました。

「組織づくりはおもしろかった。でも、もともと事業欲がないから、新しい柱をつくったり、取引先を拡大していくことに対してはワクワクしなかった。トップが積極的でなければ、下も動けない。会社にとって、自分の存在がストッパーになっている現実をひしひしと感じていました」

会社を次のステージまで引き上げるには、それができる人に経営を任せたほうがいい。もともと早めの事業承継を意識していたことも重なって、芦部社長は具体的に動き始めることにしました。

株式上場を検討するも断念

最初に検討したのはＩＰＯ（株式上場）です。資本と経営を分離すれば、ふさわしい人に経営を任せやすくなります。

しかし、これは早々に断念されました。上場すれば、経営計画で定めた数値目標に向かって仕事をしなければならなくなります。それでは現場がイキイキと働けるとは思えないというのが芦部社長の持論でした。

上場維持費用もネックでした。上場すれば毎年数千万円のコストがかかります。売上高二〇億円の会社にとってそのコスト増は大きな負担です。これらを考慮して、誰に会社を譲るにしろ非上場のままで譲渡を行うべきとの結論に達したそうです。

子どもたちに会社を継いでもらいやすくするために、持株会社もつくりました。

しかし、会社や社員の立場で考えると、持株会社を使ったスキームも安心とはいえません。経営に興味がなければ、結局、相続した株式を会社に買い取ってもらおうとする可能性があります。会社が子どもたちから株式を買い取れば、会社から現金がなくなって経営が困難になります。会社の存続が危うくなるなら、事業を承継する意味がなくなってしまいます。

社員への承継も検討しましたが、やはり難しいという結論になりました。

会社を譲り受ける社長には、組織を引っ張るリーダーシップと、株式を引き受けられる資力、さらに何より「借金してでも経営するぞ」という強い覚悟が必要です。社内を見回しても、その三つを兼ね備えた人材——とくに強い覚悟ができる人材——は見当たりませんでした。

残された選択肢がM＆Aでした。まずは一度、M＆Aの勉強をしてみよう。そのように考えた芦部社長は、当社のセミナーに参加されました。

そのセミナーで経験談をお話しくださったのが、第4章でご紹介したペリテックの平豊社長でした。

芦部社長と平社長は、同じ地域で活躍する経営者仲間でもあり、旧知の社長が「M＆Aをやってよかった」としみじみ話す様子を見て、芦部社長の思いは一気にM＆Aへと傾いたそうです。

コンサル会社の人材ネットワークを活用

具体的にパートナー探しを始めたところ、最終的に二つの会社が残りました。どちらも事業会社ではなく、一つはファンド、もう一つはコンサルティング会社です。

天竜精機はメーカーなので、一般的に、色がついてしまう事業会社ではないほうがより大きく成長できるチャンスがあります。しかし、残った二社がファンドとコンサルティング会社であったことは偶然です。芦部社長もとくにファンドやコンサルティング会社を希望していたわけではありませんでした。

二社のうち、芦部社長が選んだのは、名古屋に本拠を置くセレンディップ・コンサルティング株式会社でした。

セレンディップは大手監査法人で公認会計士として活躍されていた髙村徳康会長が立ち上げたコンサルティング会社です。髙村会長は監査法人でベンチャーの支援を行っていましたが、支援先から「あなたたちはリスクをとらない。口だけだ」と言われて一念発起。コンサルティングだけではない新しい会社を設立しました。

じつは天竜精機の買収に手をあげた二社のうち条件がよかったのは、もう一社のファンドのほうでした。それでも芦部社長がセレンディップを選んだのは、髙村会長の考えに強く共感したからです。「これまでは破綻会社の再生ばかりだったが、業績のいい会社をもっとよくすることにも挑戦したい」という髙村会長の言葉が心に響いたようです。

セレンディップを選択した理由はほかにもあります。

もう一社のファンドのほうは、M&A成立後、芦部社長の続投を希望していました。しかし、「自分が会社の成長のストッパーになっている」との思いから、芦部社長はその条件をのむことができなかったのです。

オーナー経営者・社員・会社の三者がそれぞれバランスよく笑顔になれるのが、理想のM&Aです。M&Aでオーナー経営者である自分と会社の問題が解決できたとしても、社長を続投すれば会社の成長はセーブされ、社員が未来に明るい展望をもてなくなると考えたのです。

一方、セレンディップは、大手メーカーの系列会社で営業本部長を務めた経験のある人物を引き抜いて、後任の社長に就任させる考えをもっていました。芦部社長も会社を次のステージに引き上げてくれる人が代わりに経営をやってくれるなら、それに越したことはないと考えて、二〇一四年に株式譲渡契約を結びました。

ファンドやコンサルティング会社に株式譲渡するメリットの一つは、幅広い人的ネットワークにあります。

事業会社と組めば、親会社の展開する事業と直接的なシナジーを得られるかもしれませんが、ファンドやコンサルティング会社にそれを求めるのは酷です。しかし、彼らは経営人材のネットワークをもっており、それぞれの会社に適したプロ経営者やスペシャリストを登用することが可能です。

天竜精機の買収に手をあげたのがコンサルティング会社だったことは偶然でしたが、それゆえに次期社長に最適な人材をアサインできたのです。

オーナー経営者・社員・会社の三者が笑顔に

すでにご紹介したとおり、芦部社長にはお父様から会社を継いだときに、「お手並み拝見」という社員のスタンスに苦労させられた経験があり、後任社長に同じ轍を踏ませたくないと考えていました。そのため、今回の譲渡では入念に地ならしをされたそうです。

まず株式譲渡を発表する前から、事業承継で会社を経営する人にどれだけの負担がかかるのか、ことあるごとに社員に説明しました。ご自身が経験したことですから、説得力があります。

新社長の就任後は、親会社のトップや新社長と、旧経営陣や管理職とのオフサイトミーティング（業務の現場を離れて行うミーティング）を繰り返し行いました。具体的には、お酒を飲みながら、一回三～四時間。このようにして腹を割って話す機会を複数回つくったことで、お互いが距離を置いて様子見するのではなく、遠慮なく話し合いや議論ができる関係がつくられました。このように地ならしを行ったことで、新社長はＭ＆Ａ直後から遺憾なく手腕を発揮できています。

また、芦部社長は予算管理ありきの経営に懐疑的でしたが、新社長は厳しく予算管理を行うことで、天竜精機に新しい風を吹き込みました。それにより、社員の意識は一段とアップしたそうです。

事業面でも進展がありました。

天竜精機の顧客であるメーカーの多くは、海外にも工場をもっています。そのため顧客から「海外にも拠点をつくって機械のメンテナンスをしてほしい」という依頼をよく受けていました。ただ、天竜精機には海外に拠点をつくれるような経営資源がなかったため、メンテナンスは日本からの出張で対応するしかなく、顧客のニーズに応えきれていませんでした。

その点、新社長は大手出身の強みで、大手企業の海外拠点やその協力会社と多くのつながりをもっていました。そのネットワークを活かして現地の会社と提携し、メンテナンスを頼む体制をタイで確立しました。出張ではなく現地の会社が駆けつけてくれるなら、急な故障にも迅速な対応が可能になります。

新社長の就任後、天竜精機の売上げはＭ＆Ａ前の二〇億円から二七億円にまで伸びています。芦部社長時代の改革によって、社員にはすでに高いモチベーションがありましたが、社長交代後も変わりなく前向きな気持ちをもち続けています。経営者・社員・会社の三者のうち、会社と社員は確実に笑顔です。

芦部社長は現在も天竜精機の株式を三〇％保有しており、会長という立場で経営にかかわっています。とはいえ、実際の会社運営はすべて新体制に任せており、会社に足を運ぶ機会はかなり減ったそうです。

時間的な余裕ができたので、最近は事業承継問題に悩む経営者の相談に乗ったり、経営コンサルティングを個人として行っています。自分のやりたい仕事に集中できて、社長業をしていたころよりワクワクしているといいます。M＆Aで、経営者も笑顔です。

おわりに

時代は事業承継型M&Aから、成長戦略型M&Aへ――。

これが本書で強く申し上げたかったことです。私が日本M&Aセンターに入社した当初、M&Aは、事業承継にお困りのオーナー経営者の最後の手段という位置づけでした。実際、「ベストの選択ではないけれど、会社の存続のために仕方なく決断した」という経営者の方は多かったと思います。

しかし、ここ五年あまりでオーナー経営者のみなさんの意識が大きく変わりました。M&Aには、後継者不在の対策としてだけでなく、未来に向かって会社にプラスをもたらすポテンシャルがある。そのことに、みなさんが気づき始めたのです。

もちろんいま現在も事業承継でお悩みのオーナー経営者は少なくありませんし、M&Aが今後も後継者不在で展望が見えなくなった企業のソリューションであり続けることは間違いありません。

同時に、事業承継と成長戦略を同時に実現するためにM&Aを活用したり、差し迫って事業承継の必要がないにもかかわらず、会社の成長の起爆剤としてM&Aを実行する事例が目立ち始めています。中堅・中小企業でも、M&Aといえばまず成長戦略という時代が、もう足元まできています。

気の早い話ですが、ポスト成長戦略型M&Aの話もしておきましょう。

いまアメリカのM&A市場では、成長戦略型よりさらに先に進んだM&Aが盛んに行われています。PEファンド（プライベート・エクイティ・ファンド）へのベンチャー型M&Aです。

PEファンドは、将来性の高い株式非公開企業に投資をして、企業価値を引き上げたあとIPO（株式上場）したり、他の事業会社やファンドに売却したりすることを目的にしたファンドです。

アメリカでは若き起業家の多くは、最初からファンドに株式譲渡することを目指して会社を立ち上げます。ゼロから立ち上げた会社を一〇〇〇万ドルで売って、その売却益を元手にまた新しいアイデアで会社を立ち上げます。このサイクルができているからこそ、次々と新しいベンチャー企業が誕生しているのです。

ファンドに売却された会社は、プロ経営者が入って一人前に育て上げます。買ったばかりのベンチャー企業が中高生のレベルだとしたら、数年でどこに出しても恥ずかしくない大人の企業へと成長させ、そのうえで世界的な企業に売却するなどして次の活躍の場へと送り出します。

グーグルやフェイスブックのサービスを見てください。それぞれ技術力の高い会社ですが、すべてを自前で開発したわけではありません。ファンドから資金を得て、将来性の高いベンチャー企業の事業を取り込みつつサービスを強化しています。

ベンチャー企業のオーナー経営者はファンドに事業を売って、ファンドが一人前に育てて大企業に売却。起業家は売却益でまた新しい挑戦を始める——。

残念ながら日本にはまだこのサイクルができていません。二〇一五年のベンチャー企業への年間投資額は、アメリカが七兆一〇〇〇億円で、追い上げる中国は二兆五〇〇〇億円です。それに対して、日本は一三〇〇億円にすぎません。

また、日本における起業家は三五〇万人ですが、起業大国であるアメリカは二三〇〇万人。そして、いま積極的にベンチャー投資を増やしている中国の起業家は一億二〇〇〇万人まで増えています。このような状況では、日本から世界的ベンチャー企業が誕生することはかなり難しいと言わざるを得ません。

日本がふたたび世界経済の主役に躍り出るためには、新しいプレイヤーが誕生しやすい環境――つまりファンドへのM&Aを前提にした起業環境を整えていく必要があります。

私たちが見据えているのも、ベンチャー経営者が会社をファンドに売却することがあたりまえの世界です。まだ日本ではベンチャー企業の経営者の多くはIPOをゴールと考えています。しかし、アメリカで起きていることは遅かれ早かれ日本でも起こります。私たちはその時代の到来に備えて準備をしておくだけでなく、自らその動きをつくって日本経済の活性化に貢献したいと考えています。

M&Aについて、いまだに後ろめたいイメージをもつオーナー経営者もいるかもしれません。しかし、M&Aの主流が事業承継型から成長戦略型へ、さらにはベンチャー型へと移行していくであろういま、M&Aはどのステージの会社にとっても、経営戦略における最先端の成長手法といえるのではないでしょうか。

私たちも、日本を元気にするお手伝いをしているというプライドをもってマッチングを行っています。M&Aによって、オーナー経営者やそのご家族、社員、会社、そして地域や日本の経済すべてに明るい未来が開けていく。私たちの活動はその一助になると信じています。

竹内直樹（たけうち・なおき）

株式会社 日本M&Aセンター 取締役

2007年、日本M&Aセンター入社。2014年に執行役員、2018年に取締役就任。事業法人部長、ダイレクト事業部長、戦略統括事業部長、営業本部長、戦略本部長を歴任している。産業構造が激変する現在、中堅・中小企業やベンチャー企業が一段上のステージへ成長するための支援を行う一方で、セミナーや講演を通じての啓発活動でも活躍する。

株式会社日本M＆Aセンター

M&A仲介業のリーディングカンパニーとして、「M&A業務を通じて企業の存続と発展に貢献する」ことを企業理念とし、グループ創業以来累計7,000件を超えるM&A支援実績を有する。会計事務所・地域金融機関・メガバンク・証券会社との連携も深めており、事業承継やM&Aに関する相談機会の創出を加速し、マッチングを強化している。国内7拠点、海外5拠点（日本M&Aセンターホールディングスの現地法人含む）を構えており、2021年4月にグループ創業30周年を迎えた。

ご相談や書籍のご感想など、下記までお気軽にご連絡いただけますと幸いです。

Mail：seichou@nihon-ma.co.jp

0120-03-4150

【案件取材・執筆協力】

株式会社日本M＆Aセンター

斉藤　護　㈱インフィールド × ㈱東急コミュニティー

久力　創　㈱ペリテック × テクノアルファ㈱

栗原　弘行　オフィスコム㈱ × プラス㈱

中村　健太　㈱クニ・ケミカル × 日本プライベートエクイティ㈱

榊原　啓士　㈱針谷鋼材 × ㈱シマキュウ

中川　隼　㈱VALOR × ㈱AMBITION

㈱クニ・ケミカル × 日本プライベートエクイティ㈱

森沢　雄太　㈱クニ・ケミカル × 日本プライベートエクイティ㈱

どこと組むかを考える「成長戦略型M&A」

「売る・買う」の思考からの脱却と「ミニＩＰＯ」の実現

2017年 9月19日　第1刷発行
2022年12月12日　第11刷発行

著　　者　竹内直樹
発 行 者　鈴木勝彦
発 行 所　株式会社プレジデント社
〒102-8641
東京都千代田区平河町2-16-1　平河町森タワー13階
https://www.president.co.jp/
電話　代表 03-3237-3711　販売 03-3237-3731

編　　集　大内祐子　ことぶき社
構　　成　村上　敬
装　　幀　竹内雄二
本文DTP　富永三紗子（SOL design）
印刷・製本　大日本印刷株式会社

ISBN978-4-8334-5122-2　Printed in Japan